投資通識課

9個基本概念，建立你的投資思維框架

布萊德佛·康奈爾 Bradford Cornell、尚恩·康奈爾 Shaun Cornell、
安德魯·康奈爾 Andrew Cornell——著

張永冀、王宇佳——譯

THE CONCEPTUAL FOUNDATIONS
OF INVESTING

A Short Book of Need-to-Know Essentials

目錄

前言

隨著1964年資本資產定價模型（Capital Asset Pricing Model，CAPM）的提出，金融研究顛覆了人們對金融市場的固有認知。然而，誕生於此次變革中的大部分研究都具有極強的技術性，想要學以致用需要很深的數理功底。晦澀的金融理論變得更深奧難懂，使得非專業投資者對現代投資學的基礎理論望之卻步。

本書旨在填補這一鴻溝，盡可能用最少細節來解說現代投資理論的基礎概念。對細節感興趣的讀者，可以自行查閱商學院課程中指定的教科書。

讀者要明白，即便對基礎概念爛熟於心也不能使你成為「股神」。本書認為，證券市場上不存在類似於牛頓定律這種一成不變的規律。牛頓在南海泡沫事件後感嘆道：「我能計算出天體運行的軌跡，卻無法預料人性的瘋狂。」[1]本書解說的基

---

1 在1689～1714年，英國政府因欠下債務，與南海公司（South Sea Company）合作發行股票。1720年春秋之際，由於民眾投資的狂熱，該股價經歷了暴漲後暴跌，股民損失慘重。科學家牛頓也因投資該股票，虧損了20,000英磅。——譯者注

礎概念有助於讀者了解市場運作方式，避免初級投資者常犯的錯誤。

　　藉由本書，我們希望能幫助投資者問對投資問題。在某種意義上，它能成為自我保護手冊。因為隨著全球數以兆計的錢投資進全世界，各類投資機構隨之出現。這些投資機構靠掌控資金取得極大報酬，靠管理資金收取費用，靠資金交易收取佣金。他們透過龐大的金融媒體，提供五花八門的投資建議，企圖影響投資者。此外，這是一個很大的投資市場，在我們看來，要應付資訊氾濫的情況，投資者必須了解基礎的投資概念，才能保持頭腦清晰不會誤入歧途。

　　在此要提醒大家，想了解基礎投資概念，就需要解讀試算表中吃力不討好的投資資料，儘管我們想避免這些現代金融中特有的複雜數學概念。為了幫助讀者查閱，出現在書中的所有資料都可以在www.wiley.com/go/CornellCFOI查到（密碼是：CFI；此為英文網站）。請注意，本書無法避免地會出現一些方程式和數學概念。希望透過說明，能幫助那些對數學不在行的讀者們更理解本書。

　　很多投資者可能會說，他們個人不需要了解這些投資的基礎概念，因為他們靠投資顧問就好。如此信任投資顧問，正巧引出一些問題，請問你如何選擇一位投資顧問呢？請問你如何從投資顧問的建議中做出決定？請問你如何評估合理的諮詢費用？要回答這些問題，都需要有基礎的投資概念才行。

報酬

　　本書旨在介紹投資的基礎概念，不是要教你如何成為股市中的佼佼者。實際上，戰勝市場是十分困難的，一種投資策略可能會在短期內奏效，隨著知道的人越來越多，賺錢效應就會逐漸消失。試想如果人人都知道買到就是賺到，誰還會賣呢？即便真有人掌握住某種在股市中賺錢的不二法門，他應該去開投資公司，低調發財，而不是將此策略公之於眾。

　　但這並不代表掌握基礎概念對提高投資報酬沒有任何意義。相反，這可以幫助讀者避免很多常見的投資錯誤。例如，在權衡投資的風險與報酬時，從表面上看，承擔高風險就會擁有高報酬率。但事實並非如此，高報酬率伴隨著高風險，但高風險未必能帶來高報酬率。掌握投資的基礎概念可以幫助你了解投資的事實與真相，避免承擔無報酬的風險。

　　投資者還需要在主動投資或被動投資中做出選擇，掌握這些基礎概念可以幫助投資者做出最佳判斷。

　　佐證這一觀點的例子還有很多，我們接下來再慢慢解說。基礎概念對實際操作具有重要的指導意義。正如原子是化學分析的基本單位，報酬也是投資分析中的基本元素。投資分析的第一步，是準確計算和運用報酬。因此，本書從講解「報酬」開始。

　　投資報酬率是指在特定時期內，投資帶來的財富增長百分比。如果投資10,000美元且獲得1%的報酬率，那麼財富將增加到10,100美元。看似簡單的計算在實際運用中仍存在很多問

題。因為報酬是金融領域中的「原子」，因此，在了解更複雜的概念（例如預期報酬或風險與報酬的權衡）之前，掌握如何計算和運用報酬是至關重要的。

在本書中，一天通常指一個交易日。例如，從週五收盤至週一收盤的交易區間，與週一至週二收盤的交易區間沒有區別，兩者都被視為是一個交易日。同理，遇上三天的假期也是如此。按照這一設定，一年通常有252個交易日。

以下以蘋果公司為例，介紹什麼是報酬。讀者需要進行一些必要的數學計算。如表1-1所示，第一欄是2017年1月3日至2017年3月3日期間的42個交易日期，如表所示，蘋果公司股票的收盤價在兩個月內從116.15美元上漲到139.78美元。

第三欄為蘋果公司每日股價變動的百分比。人們經常會誤以為股價變動百分比即為報酬率。儘管兩者大部分時間是一致的，但由於蘋果公司會支付股利，所以兩者的關係並非每日都如此。

股利會對報酬率產生影響，其影響會在哪一天表現出來呢？你可能會說，顯而易見，不就是在收到股利的當天嗎？但市場具有前瞻性，在除息日（除權日）就將其納入報酬率的計算。除息日為上市公司股權登記日（確定股東名單）的後一日。在除息日之前，若投資者持有該公司股票，就可以獲得分紅。在除息日之後，買入股票的投資者不會獲得當次分紅。影響股價變動的因素有很多，假設在其他條件不變的情況下，發

表1-1 蘋果公司的報酬率與投資終值

(1)	(2)	(3)	(4)	(5)	(6)	(7)	(8)
日期	收盤價（美元）	價格變動	股利	日報酬率	投資終值（美元）	平均報酬率	平均報酬率的投資終值（美元）
1/3/2017	116.15				100.00		100.00
1/4/2017	116.02	-0.112%		-0.112%	99.89	0.469%	100.47
1/5/2017	116.61	0.509%		0.509%	100.40	0.469%	100.94
1/6/2017	117.91	1.115%		1.115%	101.52	0.469%	101.41
1/9/2017	118.99	0.916%		0.916%	102.45	0.469%	101.89
1/10/2017	119.11	0.101%		0.101%	102.55	0.469%	102.37
1/11/2017	119.75	0.537%		0.537%	103.10	0.469%	102.84
1/12/2017	119.25	-0.418%		-0.418%	102.67	0.469%	103.33
1/13/2017	119.04	-0.176%		-0.176%	102.49	0.469%	103.81
1/17/2017	120.00	0.806%		0.806%	103.31	0.469%	104.30
1/18/2017	119.99	-0.008%		-0.008%	103.31	0.469%	104.79
1/19/2017	119.78	-0.175%		-0.175%	103.13	0.469%	105.28
1/20/2017	120.00	0.184%		0.184%	103.31	0.469%	105.77
1/23/2017	120.08	0.067%		0.067%	103.38	0.469%	106.27
1/24/2017	119.97	-0.092%		-0.092%	103.29	0.469%	106.76
1/25/2017	121.88	1.592%		1.592%	104.93	0.469%	107.26
1/26/2017	121.94	0.049%		0.049%	104.98	0.469%	107.77
1/27/2017	121.95	0.008%		0.008%	104.99	0.469%	108.27
1/30/2017	121.63	-0.262%		-0.262%	104.72	0.469%	108.78
1/31/2017	121.35	-0.230%		-0.230%	104.48	0.469%	109.29
2/1/2017	128.75	6.098%		6.098%	110.85	0.469%	109.80
2/2/2017	128.53	-0.171%		-0.171%	110.66	0.469%	110.32
2/3/2017	129.08	0.428%		0.428%	111.13	0.469%	110.83
2/6/2017	130.29	0.937%		0.937%	112.17	0.469%	111.35
2/7/2017	131.53	0.952%		0.952%	113.24	0.469%	111.87
2/8/2017	132.04	0.388%		0.388%	113.68	0.469%	112.40
2/9/2017	132.42	0.288%	0.57	0.719%	114.50	0.469%	112.93

(1)	(2)	(3)	(4)	(5)	(6)	(7)	(8)
日期	收盤價（美元）	價格變動	股利	日報酬率	投資終值（美元）	平均報酬率	平均報酬率的投資終值（美元）
2/10/2017	132.12	-0.227%		-0.227%	114.24	0.469%	113.45
2/13/2017	133.29	0.886%		0.886%	115.25	0.469%	113.99
2/14/2017	135.02	1.298%		1.298%	116.75	0.469%	114.52
2/15/2017	135.51	0.363%		0.363%	117.17	0.469%	115.06
2/16/2017	135.35	-0.118%		-0.118%	117.03	0.469%	115.60
2/17/2017	135.72	0.273%		0.273%	117.35	0.469%	116.14
2/21/2017	136.70	0.722%		0.722%	118.20	0.469%	116.68
2/22/2017	137.11	0.300%		0.300%	118.55	0.469%	117.23
2/23/2017	136.53	-0.423%		-0.423%	118.05	0.469%	117.78
2/24/2017	136.66	0.095%		0.095%	118.16	0.469%	118.33
2/27/2017	136.93	0.198%		0.198%	118.40	0.469%	118.88
2/28/2017	136.99	0.044%		0.044%	118.45	0.469%	119.44
3/1/2017	139.79	2.044%		2.044%	120.87	0.469%	120.00
3/2/2017	138.96	-0.594%		-0.594%	120.15	0.469%	120.56
3/3/2017	139.78	0.590%		0.590%	120.86	0.469%	121.13
算數平均報酬率				0.469%			
幾何平均報酬率				0.452%			

放股利會造成蘋果公司的股價下跌。因此，在除息日計算報酬率時，應將股利加回股價中。

　　股利並非證券收益的唯一來源。國債通常會每半年付息一次，抵押貸款按月支付利息。這些現金收益都應納入兩個交易日（t−1，t）之間投資報酬率的計算。具體公式如下：

$$R_t＝〔（P_t−P_{t-1}）＋現金收益_t〕／P_{t-1} \qquad （1.1）$$

　　公式（1.1）適用於所有類型的證券投資。若為股票，現金收益就是現金股利，在除息日計算報酬時需要考慮現金股利。

　　表1-1中的第五欄為蘋果公司股票日報酬率。2017年2月9日（這一天為除息日）報酬率的計算考慮了現金股利的影響，因此其日報酬率與價格變動的百分比不一致。

　　透過報酬率的數字，可以計算出衡量投資績效的指標——投資終值（見表1-1第六欄）。投資終值表示初始投資在每一日的價值。在計算終值時，假設所有現金股利均再投資於股票。如表所示，2017年1月3日投資的100美元，在2017年3月3日收盤時終值為120.86美元。顯示初始投資的100美元，在兩個月期間內每個交易日的收盤情況。

　　投資績效應以報酬率與投資終值來衡量，而非以價格變動衡量。但大部分公開的財務績效通常以價格為基礎，個股與知名指數中都存在這樣的問題。例如，道瓊指數（DJI）和標準普爾500指數（以下簡稱標普500指數）均未考慮股利。因此投資者在比較共同基金與標普500指數投資績效時，會發現沒有可比性。共同基金績效表現以報酬率來衡量，而標普僅為一個不包含股利的價格指數。標普500指數中的大部分股票會發放現金股利，導致這些股票組成的投資組合績效明顯優於指數變化。因此，僅依靠價格變動來衡量投資績效是不全面的，在對不同投資進行比較時，應注重投資終值。標普500指數和道

瓊指數的報酬資料取得不易，在計算終值時會有一定的困難。

在表1-1中，雖然股利僅占蘋果公司總報酬的一小部分，但無論股價如何波動，股利永遠為正。隨著時間推移，股利影響逐漸顯著，透過表1-2可以更清楚理解股利對投資終值的影響。表1-2為1926～2017年包含股利和不包含股利的美國股市投資終值。

首先對本例中的市場報酬資料來說明，表1-2中的資料來自芝加哥大學證券價格研究中心（the Center for Research in Securities Prices，以下簡稱CRSP）。CRSP幾乎收集了所有美國上市公司自1926年以來的每日報酬率資料。CRSP公布的報

表1-2　包含股利和不包含股利的美國股市投資終值（1926～2017年）

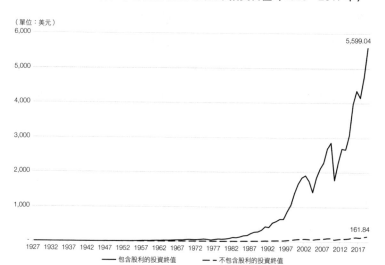

酬率在除息日已經考慮過分紅因素，並做了復權處理。此外，CRSP分別公布了包含股利和不包含股利，這兩種全部上市股票加權指數的市場報酬率數據。因此，CRSP指數比道瓊指數，甚至比標普500指數更全面。基於上述原因，大多學術研究在談到市場組合收益時均使用CRSP指數，本書也是如此。

　　回到表1-2中，其結果顯示股利對於計算報酬率的重要性。若考慮股利的影響，1926年投資的1美元在2017年終值為5,599.04美元。若不考慮股利，其終值僅為161.84美元。該結果顯示，股利對投資終值及報酬率的影響是不可忽視的。

　　對表1-2的一個錯誤解讀，就是支付股利的報酬率高於不支付股利的股票。簡單來講，如果股票支付股利，那麼在計算投資終值與報酬率時，應將股利考慮在內，而不能將其當作一個獨立的績效表現評量指標。假設風險和稅率不變，同一檔股票是否發放股利並不會對其長期報酬率產生影響。發放股利會導致股價在除息日當天下跌，若不支付股利，則股價不會受到影響，報酬率就不會受到影響。這也是我們以報酬率而非價格變動來衡量投資績效表現的一個原因。

　　以下這個例子可以幫助讀者進一步了解投資終值的作用。表1-3為可口可樂（Coke）公司、奇異（GE）公司、IBM公司、亞馬遜（Amazon）公司以及CRSP市場指數的投資終值變動圖。數據來自CRSP月報酬率資料（直接提供月報酬率資料也是CRSP的優勢之一），避免使用每日的資料來進行組合。

表1-3　樣本公司的投資終值（2000年1月～2016年7月）

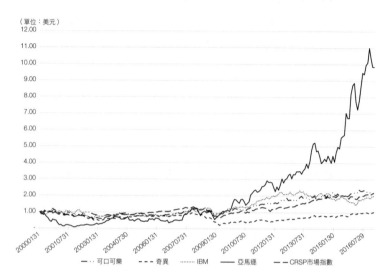

如表1-3所示，IBM和可口可樂兩家公司的投資績效基本上與市場指數吻合，奇異的投資績效明顯落後於市場指數，而亞馬遜公司的投資績效則明顯優於市場指數。[1]在本例中，藉由投資終值來比較不同股票的投資績效，是比較恰當的方法。

　　投資終值也可以用於比較不同的市場指數。在我們提到的三種市場指數中，道瓊指數僅包含30檔股票且不以市場價值計算，其描述市場的效果最差。標普500指數與CRSP市場指數均按照股票的市場價值進行加權計算，因此兩者都是衡量市

1　有趣的是，在此期間，著名投資人華倫·巴菲特（Warren Buffett）曾持有IBM、可口可樂和奇異的股票，但從未持有亞馬遜的股票。

場收益時不錯的選擇。若投資人投資這兩種資產組合，則會獲
得與指數績效表現吻合的報酬率。[2] 綜上所述，CRSP 指數包含
了在紐約證券交易所、美國證券交易所和那斯達克證券交易所
交易的所有證券，因此本書使用 CRSP 指數。[3] 問題是：在評估
市場表現時，指數的選擇會帶來什麼影響？表 1-4 回答了這個
問題。

表 1-4　標普 500 指數與 CRSP 市場指數（1926～2016 年）

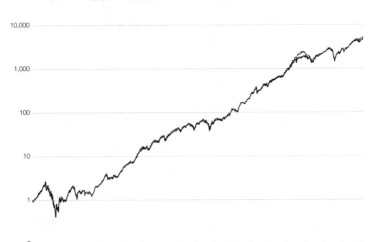

2　考慮到股票的買入和賣出，這一持股比例需要進行小幅度調整。

3　自 2009 年被紐約證券交易所收購以來，美國證券交易所（AMEX）一直被
　稱為「NYSE Amex Equities」。

表1-4顯示了指數選擇對評估市場表現的影響。表1-4使用
1926～2016年的月報酬資料繪製出標普500指數和CRSP指數
的投資終值。儘管兩條線基本上重合，但仍有細小的差異。標
普500指數始終略高於CRSP指數。因此，投資人在做決策時
要清楚明白自己選擇的指數類型。

股票、長短期國債

投資終值還可以用於比較不同類型的投資績效情況。表1-5
比較了三類主要的證券投資——股票與長短期國債（國債將在
下一章節進行詳細介紹，目前讀者只需要了解，美國國債是美
國政府承諾在未來向持有債券的投資人支付固定款項的一項義
務）。表1-5以對數尺度呈現，因為這三種資產績效類別是如此
的不同，為了便於讀者查閱，相關資料均列於表1-6。表1-6凸
顯出平均報酬率之間微小的差距，在92年之間轉化為龐大的投
資終值差異的過程。1926年投資在CRSP指數的1美元，2017
年終值為5,599.04美元，投資於短期美國國債的終值為20.63美
元，而長期美國國債處於中間水準，投資終值為172.41美元。

順道一提，不能因為在歷史上股票、長短期國債的巨大表
現差異，就武斷地認為未來三者的報酬率差仍將維持在這種水
平。後面章節會深入探討歷史的報酬率究竟對未來有多少預期
性。

表1-5　股票、債券和票據的相關報酬率（1926～2017年）

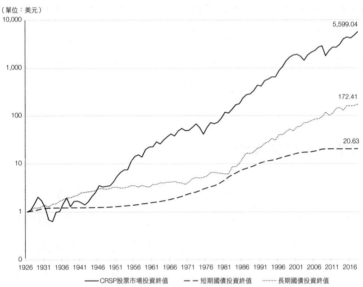

（單位：美元）

CRSP股票市場投資終值 —— 短期國債投資終值 - - - 長期國債投資終值 ········

5,599.04
172.41
20.63

表1-6　股票、債券和票據的報酬相關資料

年分	CRSP股票市場組合報酬率	短期國債報酬率	長期國債報酬率	CRSP市場組合投資終值（美元）	短期國債投資終值（美元）	長期國債投資終值（美元）
				1.00	1.00	1.00
1926	9.85%	3.19%	9.01%	1.10	1.03	1.09
1927	32.87%	3.12%	11.33%	1.46	1.06	1.21
1928	39.14%	3.82%	-0.52%	2.03	1.10	1.21
1929	-15.10%	4.74%	6.12%	1.72	1.16	1.28
1930	-28.90%	2.35%	6.76%	1.23	1.18	1.37
1931	-44.39%	1.02%	-7.38%	0.68	1.20	1.27
1932	-7.94%	0.81%	14.99%	0.63	1.21	1.46
1933	57.41%	0.29%	1.20%	0.99	1.21	1.47

年分	CRSP股票市場組合報酬率	短期國債報酬率	長期國債報酬率	CRSP市場組合投資終值（美元）	短期國債投資終值（美元）	長期國債投資終值（美元）
1934	3.18%	0.15%	13.63%	1.02	1.21	1.67
1935	45.45%	0.17%	6.95%	1.48	1.21	1.79
1936	32.32%	0.17%	9.53%	1.96	1.22	1.96
1937	-34.60%	0.32%	0.43%	1.28	1.22	1.97
1938	28.44%	0.04%	6.78%	1.65	1.22	2.10
1939	1.84%	0.01%	5.62%	1.68	1.22	2.22
1940	-7.51%	-0.06%	12.37%	1.55	1.22	2.50
1941	-10.04%	0.04%	1.48%	1.40	1.22	2.53
1942	16.72%	0.26%	3.22%	1.63	1.22	2.62
1943	27.97%	0.34%	2.08%	2.09	1.23	2.67
1944	21.36%	0.32%	2.81%	2.53	1.23	2.75
1945	39.06%	0.32%	10.73%	3.52	1.24	3.04
1946	-6.42%	0.35%	-0.10%	3.29	1.24	3.04
1947	3.29%	0.46%	-2.63%	3.40	1.25	2.96
1948	2.13%	0.98%	3.40%	3.47	1.26	3.06
1949	20.11%	1.11%	6.45%	4.17	1.27	3.26
1950	30.47%	1.21%	0.06%	5.45	1.29	3.26
1951	20.94%	1.48%	-3.94%	6.59	1.31	3.13
1952	13.33%	1.64%	1.16%	7.46	1.33	3.16
1953	0.38%	1.78%	3.63%	7.49	1.35	3.28
1954	50.41%	0.86%	7.19%	11.27	1.36	3.52
1955	25.41%	1.56%	-0.69%	14.13	1.38	3.49
1956	8.58%	2.42%	-6.27%	15.35	1.42	3.27
1957	-10.35%	3.13%	8.22%	13.76	1.46	3.54
1958	44.78%	1.42%	-5.29%	19.92	1.48	3.35
1959	12.65%	2.82%	-2.51%	22.44	1.52	3.27
1960	1.21%	2.58%	13.32%	22.71	1.56	3.71
1961	26.96%	2.16%	0.19%	28.83	1.60	3.71
1962	-9.93%	2.72%	7.80%	25.97	1.64	4.00
1963	21.40%	3.15%	-0.79%	31.53	1.69	3.97
1964	16.35%	3.52%	4.11%	36.68	1.75	4.13
1965	14.06%	3.96%	-0.27%	41.84	1.82	4.12

年分	CRSP股票市場組合報酬率	短期國債報酬率	長期國債報酬率	CRSP市場組合投資終值（美元）	短期國債投資終值（美元）	長期國債投資終值（美元）
1966	-8.86%	4.71%	3.96%	38.13	1.91	4.29
1967	26.84%	4.15%	-6.02%	48.36	1.99	4.03
1968	12.75%	5.29%	-1.20%	54.53	2.09	3.98
1969	-9.82%	6.59%	-6.52%	49.18	2.23	3.72
1970	1.29%	6.38%	12.69%	49.81	2.37	4.19
1971	15.84%	4.32%	16.70%	57.70	2.47	4.89
1972	17.64%	3.89%	5.15%	67.88	2.57	5.14
1973	-16.92%	7.06%	-2.49%	56.39	2.75	5.02
1974	-26.81%	8.08%	3.89%	41.27	2.97	5.21
1975	37.66%	5.82%	6.10%	56.82	3.15	5.53
1976	26.25%	5.16%	18.18%	71.73	3.31	6.53
1977	-4.84%	5.15%	0.90%	68.26	3.48	6.59
1978	7.33%	7.31%	-2.93%	73.27	3.73	6.40
1979	21.88%	10.69%	-1.52%	89.30	4.13	6.30
1980	32.63%	11.52%	-3.52%	118.44	4.61	6.08
1981	-4.14%	14.86%	1.16%	113.53	5.29	6.15
1982	21.00%	10.66%	39.74%	137.37	5.86	8.60
1983	22.76%	8.85%	1.28%	168.63	6.38	8.71
1984	5.79%	9.96%	15.81%	178.39	7.01	10.08
1985	31.74%	7.68%	31.96%	235.01	7.55	13.30
1986	17.32%	6.06%	25.79%	275.72	8.01	16.73
1987	2.89%	5.38%	-2.91%	283.69	8.44	16.25
1988	17.57%	6.32%	8.71%	333.53	8.97	17.66
1989	29.61%	8.22%	19.23%	432.29	9.71	21.06
1990	-4.27%	7.68%	6.15%	413.85	10.46	22.35
1991	30.65%	5.51%	18.59%	540.71	11.03	26.51
1992	8.22%	3.40%	7.95%	585.14	11.41	28.62
1993	10.75%	2.90%	16.91%	648.04	11.74	33.46
1994	-0.09%	3.88%	-7.19%	647.47	12.19	31.05
1995	35.07%	5.53%	30.38%	874.51	12.87	40.48
1996	21.35%	5.14%	-0.35%	1,061.19	13.53	40.34
1997	32.32%	5.08%	15.46%	1,404.13	14.22	46.58

年分	CRSP股票市場組合報酬率	短期國債報酬率	長期國債報酬率	CRSP市場組合投資終值（美元）	短期國債投資終值（美元）	長期國債投資終值（美元）
1998	19.13%	4.78%	13.05%	1,672.80	14.90	52.66
1999	10.38%	4.56%	-8.66%	1,846.43	15.57	48.10
2000	3.47%	5.76%	20.95%	1,910.59	16.47	58.17
2001	-8.45%	3.78%	4.09%	1,749.15	17.09	60.55
2002	-18.22%	1.63%	17.22%	1,430.54	17.37	70.98
2003	29.13%	1.02%	2.45%	1,847.32	17.55	72.72
2004	13.88%	1.20%	8.28%	2,103.67	17.76	78.74
2005	8.45%	2.96%	7.66%	2,281.49	18.29	84.77
2006	17.62%	4.79%	1.14%	2,683.55	19.16	85.73
2007	6.62%	4.67%	9.74%	2,861.21	20.06	94.08
2008	-37.83%	1.47%	25.60%	1,778.89	20.35	118.16
2009	28.13%	0.10%	-13.99%	2,279.23	20.37	101.63
2010	17.78%	0.12%	9.77%	2,684.42	20.40	111.56
2011	-0.89%	0.04%	26.99%	2,660.65	20.41	141.68
2012	15.51%	0.06%	3.88%	3,073.41	20.42	147.18
2013	29.45%	0.03%	-12.23%	3,978.64	20.42	129.17
2014	9.45%	0.02%	24.62%	4,354.70	20.43	160.97
2015	-4.55%	0.01%	-0.67%	4,156.62	20.43	159.89
2016	14.48%	0.19%	1.38%	4,758.33	20.47	162.10
2017	17.67%	0.79%	6.36%	5,599.04	20.63	172.41
平均值	11.69%	3.39%	6.19%			
波動性	19.48%	3.14%	9.88%			

報酬的計算方法

報酬率是投資分析的基本單位，但我們通常很難取得每日的資料，大部分的公開資料是年度報酬。此時，就需要藉由計算來取得每日的資料。公式如下：

$$W_n = W_0 \times (1+r_1) \times (1+r_2) \times (1+r_3) \times \cdots (1+r_n) \qquad （1.2）$$

其中，W_0為初始投資，r_i為第 i 天的報酬率，n 為持有投資的總交易日數，W_n為投資終值。[4]公式（1.2）中計算的W_n對應投資終值線上的每個點。

公式（1.2）也可計算持有期超過一天的投資報酬率。透過每日報酬率資料可以計算每週報酬率。假設一週為 5 個交易日，週報酬率的計算分為兩步。首先，運用公式（1.2）計算W_5：

$$W_5 = W_0 \times (1+r_1) \times (1+r_2) \times (1+r_3) \times (1+r_4) \times (1+r_5)$$

其次，透過以下公式計算每週報酬率：

$$W_5 = W_0 \times （1+r_{週}），所以：$$

$$r_{週} = W_5 / W_0 - 1$$

與每週報酬率的計算類似，月報酬率或年報酬的計算也是如此。一般從月報酬率換算成年報酬率時，常用以下公式：

$$r_{年} = （1+r_{月}）^{12} - 1 \qquad （1.3）$$

---

4 公式（1.2）很複雜，因為計算報酬要考慮複利而不是簡單地相加。有一種方法可以解決這個問題，就是使用連續複利。雖然學術研究經常使用連續複利，但業界的出版物中仍多採用標準報酬。因此，本書中使用標準報酬。連續複利的詳細介紹可以在投資學的教科書中找到。

公式（1.3）將計算週報酬率的兩步合併為一步。

以上述方式換算報酬率時，可能會由於不同月分的交易天數不同等原因而出現問題。不過，CRSP資料源已為投資人全面提供日報酬率、月報酬率及年報酬率的資料。

最後提醒讀者，許多金融媒體在對不同週期的報酬率進行換算時，並沒有按照上述公式，只是簡單地將月報酬率乘以12就得到年報酬率。此計算過程未考慮持有期間獲利再投資的問題。若考慮再投資，1%的月報酬率對應的年報酬率將可能達到12.68%，而不是12%。

波動

在衡量投資績效時，報酬率的變化與報酬率水準一樣重要。金融業通常將報酬率的變化稱為「波動性」，會以一段時間報酬率的標準差來衡量。

透過表1-7，讀者可以更直接了解報酬率的波動性，表1-7顯示在1926～2017年CRSP股票市場指數和短期國債的年報酬率。可以看出兩者的顯著差異。短期國債報酬率較低，通常接近於0，但在20世紀70年代末到80年代初，短期國債報酬率隨著高通貨膨脹率而有所升高（我們將在第三章討論這個問題）。更重要的是，從波動性和風險的角度來看，美國國債的報酬率從不為負。CRSP的市場報酬卻截然不同，在幾年的時

間裡，漲幅為40%，跌幅在30%左右。[5]

　　讀者還可以由表1-7來了解「超額報酬」（excess returns）的概念。超額報酬是一項投資的報酬率減去短期國債的報酬率後得到的數值，可視為對投資人承擔風險的補償。我們將在第四章詳細討論風險與報酬的關係。表1-7可以看出，短期國債每年的報酬率均為較小的正數，而股票報酬率則波動較大，因此股票報酬率約等於其超額報酬。

表1-7　CRSP市場指數與短期國債報酬率（1926～2017年）

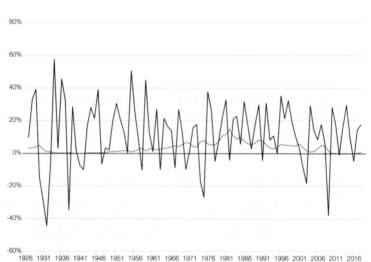

5　在複利計算中，40%漲幅和30%跌幅的組合，實際上會導致市場報酬率下跌2%。

從表1-6可以看到市場指數年波動率約為19.48%，年均報酬率為11.69%。這表示在95%的情況下，股票年均報酬率在－25.3%～48.7%之間波動。相比之下，短期國債年均報酬率為3.39%，波動性僅為3.14%。這代表以波動性衡量風險時，風險與報酬之間的權衡關係，此說法僅有一點點的真實性。實際上，兩者的權衡關係是十分複雜的，我們將在第四章詳細討論這個問題。

平均報酬率

報酬率每日都在波動，因此通常採用平均報酬率來衡量投資績效。例如，投資人在同一交易日購入IBM與蘋果公司的股票，可以透過平均報酬率來比較兩檔股票的投資績效。回到表1-1中的第七欄，蘋果公司的平均報酬率為0.469%。更明確來說，我們熟悉的算數平均報酬率等於總報酬率除以期數。

標準算數平均報酬率有特殊屬性。表1-1中的第八欄是使用算數平均報酬率計算的投資終值，其結果與第六欄並不一致。投資期滿後的投資終值應為120.86美元，但使用算數平均報酬率計算的投資終值為121.13美元。這顯示算數平均報酬率是不準確的。

蘋果公司的例子告訴我們，除非每日報酬率都相同，否則使用算數平均報酬率計算的終值總是大於實際終值。要使計算

出的投資終值與實際終值相符，應按如下步驟計算：

　　首先，將實際投資終值、初始投資值與報酬率代入公式（1.4）：

$$W_n = W_0 \times (1+r_1) \times (1+r_2) \times \cdots (1+r_n) = W_0 \times (1+r_{av})^n \qquad (1.4)$$

　　其次，使用公式（1.4）來定義幾何平均報酬率，r_{av}是指複利條件下投資終值等於實際終值的報酬率。透過公式（1.4）可以推導出r_{av}的計算公式：

$$r_{av} = (W_n / W_0)^{(1/n)} - 1 \qquad (1.5)$$

　　用公式（1.5）計算蘋果公司股票報酬率為0.452%，該報酬率為幾何平均報酬率。除非每日的報酬率都相同，否則幾何平均報酬率總是小於算數平均報酬率。兩者的差異受報酬率波動的影響，報酬率越不穩定，兩者差異越大；報酬率越穩定，兩者差異越小。

　　前面的說明希望是個很好的提醒，投資人在聽到一項投資的平均報酬率時，如果沒有說清楚是使用怎樣的方式計算，就應該要小心。在了解兩種平均報酬率的差異後，我們回到上文例子中表1-6，1926年投資的1美元在2017年增至5,599.04美元，若使用算數平均報酬率11.69%來計算，其2017年價值應為26,140.55美元——幾乎是實際投資終值的五倍。因此投資人應重視平均報酬率的不同計算方式。

正如表1-6中短期國債報酬率的計算，只要給出持有投資期間的市場價格和現金收益資料，就可以計算其報酬率。但並非任何投資標的的市場價格訊息都能取得。例如房地產類資產通常使用定期評估價格替代市場價格，但根據評估價格計算的報酬率僅與評估結果一致，不一定與實際情況吻合。

以報酬率來檢驗投資理論

若投資者被告知網路股的報酬率高於公用事業股是因為前者的波動性更大，投資人如何確定此觀點是否站得住腳？這需要投資人從報酬率的角度，將觀點轉化為可以驗證的問題，即網路股平均報酬率和平均標準差是否都高於公用事業股。雖然驗證未必有意義，且兩者不一定構成因果關係，但這不是在此要強調的重點。重點在於，只有用報酬率表示時，相關的投資理論與觀點才具有實際意義。

投資機構總是擔心通貨膨脹會對股市造成嚴重的負面影響。若該顧慮成立，那麼市場報酬率在經歷非預期通貨膨脹後，應低於長期平均水準。這就是一個將顧慮轉換為與報酬率相關的假說，是可以得到驗證的實例。再次提醒，我們無意誇大特定驗證的重要性。實際上，通貨膨脹和股市的關係十分複雜，但無論兩者的關係如何複雜，只有引入報酬率時，這種關係才是有意義並可驗證的。

　　與上例相同，在複雜的資產定價理論中，同樣需要站在報酬率的角度進行檢驗。

　　進行投資分析的第一步，就是要學會如何計算和運用收益。幸運的是，現代試算表軟體的發展，能使這些必要的計算變得相對簡單。此外，有關報酬率與投資終值的必要資料，都可以從Google和雅虎的財經頻道中自由取得。

報酬率與股票市場的歷史

　　報酬率的歷史資料是對股票市場最好的總結。如果市場有規律可循，必然表現在報酬率的歷史資料中。技術分析師建構了各種複雜的圖表，試圖預測市場的未來走向。這些圖表（例如投資終值圖）只是呈現報酬率資料的一種方式。透過分析報酬率歷史資料，探尋股票市場規律，是一代代研究員努力不懈的目標。隨著電腦技術、人工智慧的發展與財務資料的不斷完善，他們在每次交易前都要回顧個股和指數的報酬率歷史資料，試圖找出其中規律。在過去50年裡，已經發表數以千計的相關論文。毫無疑問，還有無數的研究正在進行。

　　本書認為股價變動是沒有規律可循，至少不存在一成不變的最佳風險調整後報酬率（Risk-Adjusted Return）。這與將在第七章深入討論的資料探勘有關。資料探勘理論認為，即使是毫無規律的資料，透過探勘也能找到某種「規律」。若足夠多

的人共同探勘同一組資料，就一定會找到某種「規律」。但這些規律的意義何在？是否有助於實際操作？實際上，絕大多數研究人員都認為真正的股市規律屈指可數。

當然，規律肯定還隱藏在金融市場的某個角落，等待被發現。如果你自認找到了一個特例，就可以透過報酬率來對其驗證。例如，最早的查驗之一是所謂的自相關（autocorrelation）。一些分析師認為，高的正收益會伴隨額外的正收益，而負收益反之亦然。站在統計學角度看，意味著報酬率是正相關，這種關係很容易得到驗證。遺憾的是，這種關係在股市中並不存在。因此，不要被一些基於觀察得出的特殊規律誤導，任何風險決策都要經過深思熟慮。後面章節將深入分析這個問題。

基本概念1 ─────────────

　　正確計算報酬是投資分析的基本。投資績效不能空口無憑，應該使用結合了報酬率資料和投資終值的方法來衡量。報酬率是驗證投資理論的唯一標準。在接下來的內容中，報酬仍是研究通貨膨脹、風險與報酬權衡等問題的關鍵指標。

2

金融市場的
微觀結構

　　職業投手可以把球以153公里／小時的速度投出。忽略空氣阻力，若要使球落地時的速度也達到153公里／小時，那麼球應該從多高的建築物上自由落下？

　　這就是我們常說的與自然對抗的遊戲。這個「遊戲」的任務就是找出自然規律，並將其應用於解決實際問題。對上述問題，牛頓已經給出答案：92.1公尺或302.2英尺[1]。答案一出，就會形成定律。無論今天、明天還是下週，球在任一個302.2英尺的高度下落，總會以153公里／小時的速度落地。事實上，牛頓出生前這個定律就已存在。自然定律是不會因人的認知而發生改變。

　　若一名球員正要罰一個關鍵的十二碼球，該如何確定最佳的射門方向呢？高一點還是低一點？左一點還是右一點？這個問題在某一特定情況下可能存在正確答案，但答案並不會一成不變。若最佳射門點在右上方，守門員就會向右移動，並做好跳躍準備。但如果守門員真的這麼做，那麼此時最佳射門點就會轉變為左下方。這是一個考驗球員應變能力的問題，永遠不存在恆定不變的規律。

　　股市運作與這個例子相似。不存在一成不變、能夠戰勝市場的永恆定律。倘若真的存在這樣的定律，它也會因為知情者

1　應用能量守恆定律，計算開始時的重力位能（mgh）等於落地時的動能（1/2）mv^2，可以解出高度（h）。

的過度使用而失去價值。我們將其稱為投資的「第二十二條軍規」：能夠清晰闡明並快速應用的投資規律，都是無效的。

　　這樣的表達可能過於絕對。換個角度來思考這個問題，金融界致力於找出優秀的企業，但這取決於對「優秀」的定義。若優秀等同於贏利前景良好，不難看出亞馬遜公司的財務前景會優於美國 Target 百貨，但這不意味著前者是更好的投資選擇。因為衡量投資不僅要看企業前景，還要注重價格，若定價不合理，前景再好的公司也不值得投資。在我們看來，亞馬遜公司確實是一家優秀的公司，但其 1,700 美元／股的價格並非是很好的投資選擇。許多分析師只把焦點放在亞馬遜公司的軟體、網路服務、遞送系統、顛覆新市場的潛力等方面，卻忽略一個關鍵問題：市場價格是否與其優勢相符？當前投資分析的不足之處就在於：不夠重視價格。若市場價格已經準確地反映出亞馬遜公司的競爭優勢，那麼在投資分析中就沒必要過分強調這些因素了。

　　投資是交易雙方而非人與自然的博弈。價格在這一博弈過程中扮演著非常重要的角色。正如我們將在後文中提到的，交易需要買賣雙方同時行動。假設有一個簡單的投資規則，建議投資人「現在是買入的最佳時機」，那麼誰會賣呢？潛在賣家也會因為該建議而惜售，這樣價格就會上漲，當賣家願意出售時，該規則建議的最佳買入機會也已經消失。

　　第一章曾提到，「戰勝市場」是否必須以報酬率來衡量，

而報酬率的計算一定要依據價格，這也是投資人應注意價格的原因之一。金融理論一般將「戰勝市場」定義為：長時期內獲得經風險調整後的報酬率，大於市場投資組合的報酬率。這個看似完整的定義，若沒有詳細說明如何對風險進行調整，就顯得空洞無物。這個話題在金融界歷久不衰，本書中也貫穿始終。我們暫且認為風險調整是可以實現的，「戰勝市場」是有實際意義的。

夏普法則

　　這裡以股票市場為例，假設在所有證券市場中流通的證券均由投資人持有，我們將所有投資人視為一個持有全部股票的集合體，類似傳彩球，股票可以在集合體內部的投資人之間轉移，但不會憑空出現或消失。[2]

　　1990年諾貝爾經濟學獎得主威廉・夏普（William Sharpe）認為，評量投資績效也要根據股票被不同投資人所持有這一基本前提。該觀點可透過一個例子來說明。股票市場中包括兩類投資人，一類是僅持有市場組合的被動投資者，另一類是持有各種類型股票組合的主動投資者。夏普教授定義的主動投資者

2　這只是一個相對說法。如果考慮公司回購和發行新股，那麼投資人作為一個群體，持有的股票數量可能會發生變化。這裡暫且忽略這一因素。

並不只涵蓋交易活躍的投資者，所有持有偏離市場投資組合的投資者均涵蓋其中。據此定義，華倫·巴菲特即為一名典型的主動投資者。巴菲特不會頻繁地進行交易，持股相對集中。他認為理想的股票持有期是「永久」。他的投資組合明顯背離市場投資組合。

在此定義下，假設市場報酬率為10%（也可以是其他值），持有市場組合的被動投資者能獲得10%報酬率。所有主動投資者作為一個群體，其平均報酬率也應該是10%。此結論並沒有充分的經濟學依據，但根據股票被所有投資者所持有這一前提，可以推出該結論。

相較於被動投資者，主動投資者承擔著額外成本：雇用專業人員進行經濟和統計分析的人力成本、證券分析和估值的訊息搜尋成本，頻繁交易產生的佣金和稅金等。全盤考慮各種費用後，主動投資者的績效往往不如被動投資者，在上述中的主動投資者的淨報酬率就會低於10%。由此可以得出結論：無論市場狀況如何，被動投資者的績效表現總是優於主動投資者。該結論值得深思。

夏普法則的普適性在於沒有假設。沒有假設金融市場是競爭性的——它們可能被少數幾家大型機構控制；沒有假設投資者是完全理性的——他們可能情緒激動、心血來潮；沒有假設資訊是廣泛分布的——有可能存在猖獗的內幕交易。夏普法則不依賴任何證券收益規律的假設，只需要一個前提即可：人們

掌握相關指標的計算方法和所有證券都被投資者持有。

　　一些投資者在第一次了解夏普分析後，認為這根本不可能。例如，如果存在重大內幕交易，會發生什麼？我們暫且拋開內幕交易禁令，藉由一個例子來回答這個問題。假設運動專用相機公司GoPro目前每股的股價為8美元，擁有內幕消息的投資人聽說蘋果公司下週將以每股12美元價格收購該公司，那麼這些投資人自然希望在每股低於12美元的價格下多持有GoPro股票，但他們該如何行動？他們不能購買被動投資者手中的股票，因為被動投資者持有的是固定市場投資組合。若GoPro股價上漲，擁有更大的市場占有率，被動投資者為了維持當前市場組合的配置，不會出售股票。因此，他們只能從主動投資者手中購買。例如，若GoPro每股股價上漲到9美元，不了解內幕消息的主動投資者會認為GoPro股價被高估，從而賣出股票。也有一些投資者，即使每股股價上漲到9美元也不願意出售股票。不論哪種情況，有內幕消息的投資者只能在其他主動投資者願意減少GoPro持有股份的情況下，加購GoPro股票。當每股股價漲到12美元的消息公布時，有內幕消息的投資者將從減少持有股票的主動投資者身上獲利。被動投資者將按比例獲得價格從每股8美元上漲到每股12美元的市場占有率。被動投資者不會被利用，因為他們不是知情交易者的交易對手方。

　　上述的例子說明，對主動投資者而言，掙脫夏普法則的唯

一辦法就是犧牲其他主動投資者的利益。若把主動投資者分為贏家和輸家，那麼輸家最終不僅支付了主動投資者的所有成本，還承擔了將財富轉移給贏家的相關損失。顯然，沒有主動投資者希望自己成為輸家，但事實是，一半左右的主動投資者都會成為輸家。

　　對個人投資者而言，他們更願意相信擁有先進技術的投資人會獲得更高收益，而不願接受夏普法則那略顯乏味、缺少激情的論調。市場上廣泛流傳這樣的傳說：D. E. Shaw & Co. 和文藝復興科技（Renaissance Technologies）公司依靠神祕的數學天才，運用專業電腦及人工智慧技術管理著數百億美元的資產。麥可・路易士（Michael Lewis）的暢銷書《快閃大對決：一場華爾街起義》（*Flash Boys*），講述高頻交易員以毫秒為單位衡量交易頻率。喬治・索羅斯（George Soros）等交際廣泛的投資名家，會在瑞士達沃斯這種充滿異國情調的勝地與企業高階主管和各國政界人士會面，討論未來世界經濟的走勢。他們以此來調整投資組合。但這都不是投資者戰勝市場的決定性因素，仍有這樣的實例存在：堅持被動投資的個人投資者，其績效表現優於擁有眾多資源的主動投資者。精明的交易員戰勝市場的唯一方法，就是犧牲其他主動投資者的利益。

　　從這個角度出發，夏普法則警告躍躍欲試的投資者，一旦脫離市場投資組合，他們就會轉變為主動投資者，這意味著他們會面臨到「成為波克夏・海瑟威公司（Berkshire Hathaway）

或高盛（Goldman Sachs）等大型投資機構的交易對手」的風險。假設你認為奇異公司在2017年股價超跌，價值被低估，那麼你可能會在個人持股中配置更多奇異公司，持股比例高於其在CRSP指數中0.46%的權重。一旦持有權重超過0.46%，你就會成為一名主動投資者，此時，必定有其他主動投資者持有該股低於0.46%的權重。主動投資者要盡可能了解交易對手方，以及超配某檔股票的理由是否充分、經得起推敲。

夏普法則不僅適用於整個市場，還適用於所有細分的行業，科技股投資也不例外。持有此類股票指數的被動投資者，其表現將優於交易這些股票的主動投資者。

總之，我們認為怎麼強調夏普分析的重要性都不為過。夏普法則的邏輯和結論對投資分析具有重要的影響，因此每個投資人都應該了解夏普法則，並將其作為每項投資分析的起點。

效率市場假說

夏普法則易與效率市場假說（Efficient-Market Hypothesis，EMH）混淆。暫時迴避股票市場的複雜性，藉由橄欖球運動博彩市場，可以更理解效率市場假說。橄欖球運動博彩市場中的點差（盤口或讓球）類似於證券價格，點差決定了押注者必須為選擇的球隊支付的成本。例如，2017年超級盃（Super Bowl）開賽前點差是「新英格蘭＋3」。這一點差表示，新英

格蘭愛國者隊的押注者只有在該隊以4分或4分以上優勢獲勝的情況下，才會獲得收益。若愛國者隊以3分優勢獲勝，就是平盤，僅需返還投入的資金；若愛國者隊以低於2分的優勢獲勝，甚至是比賽失利，押注者就會損失押注。

我們進一步解釋為什麼點差與證券價格相似。設想一位投資人認為愛國者隊的實力很強，將會以7分優勢勝出。那麼在「新英格蘭＋3」或「新英格蘭＋4」的盤口中，投資人毫無疑問將押注愛國者隊。相比較，在「新英格蘭＋9」的盤口下，押注愛國者隊的成本變高，投資人可能會轉而押注亞特蘭大獵鷹隊。在一個由成千上萬名押注者組成的市場中，當盤口上升時，押注愛國者隊的人數下降，就像當IBM公司股價上漲時，願意購買的投資者人數就會下降一樣。

與股價一樣，盤口也是由供需決定，投資者透過經紀人從網路（在博彩業稱為「莊家」）下注，從而影響供需平衡。莊家們對每筆下注都收取一小部分「佣金」，通常為押注的5%。輸的一方要為每100美元的押注支付110美元，贏的一方只獲得100美元。只要雙方押注相等，無論誰贏，莊家都能獲得佣金，因此不承擔任何風險。[3] 為了保證雙方勢均，博彩公司會隨時調整盤口。若在「新英格蘭＋3」的情形中，押注

3　經常賭球的投資人可能會注意到，即使對每個球隊下注的金額相等，莊家通常也會承擔一些風險，因為並非所有的押注都押在同一個點差上。

愛國者隊的資金大於獵鷹隊，點差就會增加到「新英格蘭＋4」。莊家透過調整盤口來平衡雙方的押注，這與紐約證券交易所場內的專家透過調整IBM公司的股票買賣報價，來達到股票供需均衡的方式如出一轍。當供給等於需求時，兩邊的押注資金額相等，市場便處於「均衡」狀態。

押注者影響市場價格（點差）的程度取決於他願意押多少。一個押注者對其判斷越有信心，下注越重，對盤口的影響就越大。在供需平衡的過程中，市場將所有投資者的意見匯總起來，按他們願意押注的金額加權，得出平均「意見」。該意見最終透過盤口表現出來。在2017年超級盃之前，市場普遍認為新英格蘭愛國者隊會以領先亞特蘭大獵鷹隊3分的優勢奪冠。

均衡點差反映的是平均意見，並非一致意見。事實上，如果每個人都認為「新英格蘭＋3」是合適的點差，就沒有人會在這場比賽中下注。顯然，押注新英格蘭愛國者隊的人認為均衡點差太低，而押注亞特蘭大獵鷹隊的人認為均衡點差太高。

均衡點差是所有押注者下注金額的加權平均數，任何改變投資者意見的事情都會影響點差。假設愛國者隊的明星四分衛湯姆·布雷迪（Tom Brady）在2017年超級盃開賽前兩天受傷，一旦消息公布，押注者對比賽結果的預估就會發生變化。在「新英格蘭＋3」的點差下，一些原本打算押愛國者隊的人，會轉而押獵鷹隊，此時，原本均衡的關係被打破。運動博

彩公司會立即調整盤口，直到每支球隊的押注均衡。為了便於理解，此處假設新的均衡點差為「新英格蘭－3」。

　　盤口從＋3到－3的變化，顯示出市場價格在某種意義上包含或反應了新的資訊。在布雷迪受傷之前，均衡點差是「新英格蘭＋3」。在他受傷的消息發布後，盤口為「新英格蘭－3」，這是反應新資訊的過程。可見，布雷迪受傷的消息價值為6分。

　　與押注獵鷹隊或愛國者隊同理，在IBM公司股票的例子中，投資人需要做的決策是要買進還是賣出。盤口反應了人們對橄欖球隊實力的平均看法，而股價則是人們對IBM公司商業價值認識的表現。要想以每股170美元的價格出售IBM的股票，就必須要有那些願意以該價格承接相等數量股票的購買者。此外，股價對新資訊的反應與盤口同理。若IBM公司宣布獲利下降，市場供需將發生變化。股價下跌之後，市場才有可能出現新均衡。

　　透過橄欖球運動博彩的比喻，讓讀者更理解效率市場的概念。根據廣泛接受的定義，效率市場是指證券價格能反應所有公開的資訊。在橄欖球運動博彩市場的案例中，效率市場假說可以理解為：盤口反應出兩支球隊相對實力的所有公開資訊。就股市而言，效率市場假說則指：有關證券價值的所有公開資訊，均已表現在證券市場的價格上。

　　市場的有效性並不意味著市場可以預知未來。效率市場假

說認為，市場和專業投資者一樣，能處理所有公開可得的資訊，但並不等於市場能夠完美地處理資訊，也不等於其能絲毫不差地預測未來。橄欖球運動博彩市場的例子充分說明這一點。在2017年的超級盃比賽中，市場普遍認為愛國者隊會以3分優勢取勝，而最終愛國者隊在前三節9：28落後的情況下，以25分驚天大逆轉，藉由超級盃歷史上第一次延長賽，後來居上，最終以34：28擊敗獵鷹隊，第五次獲得超級盃冠軍。而在2007年的超級盃比賽中，市場預測的準確率更低，奪冠熱門愛國者隊最終以3分之差輸給紐約巨人隊。股市亦如此。高估值公司也有表現慘淡、讓人跌破眼鏡之時。效率市場假說承認市場或消息靈通的投資人皆有可能犯錯，但平均而言，市場預測和估值的準確性不亞於專業投資者。

　　效率市場假說意味著，若投資人沒有內幕消息，必然無法戰勝市場。如果證券價格恰當地反應了所有公開訊息，那麼市場中就不存在定價過低或過高的證券。此時，所有的證券都是公平定價，購買這些證券的投資人獲得的是經風險調整後的公平投資報酬。

　　知名投資人查理・蒙格（Charlie Munger），喜歡取笑效率市場假說和堅決擁護效率市場假說的學界人士。具諷刺意味的是，自20世紀80年代初以來，陸續有學者宣稱，完全有效的市場是天方夜譚，由於有黑箱操作等神祕力量的存在，市場不可能有效。當然，市場之所以變得有效，是因為眾多投資人勤

勉的工作。他們錙銖必較地查驗財務報告、親臨公司業績說明會、分析公司產品競爭力、不放過股票市場歷史上的任何細節等等。所有這些活動都需要付出成本。若市場是完全有效的，投資人就無法從花在研究上的時間和資金中獲得公平回報，漸漸地，市場上就不會再有人專注於股票研究。但若投資人停止研究，價格就會偏離合理價值，其結果是，在均衡狀態下，市場不夠有效，精明的投資人才能從研究中獲得公平的回報率。因此，對當前學術觀點的準確描述是，金融市場競爭激烈，但並非完全有效。

資訊效率與基本效率

如果金融市場不完全有效，那麼效率有多高呢？事實證明這是個很難回答的問題。經過50年的研究，它仍未有明確答案。但要注意區分資訊效率（informational efficiency）和基本效率（fundamental efficiency）。

如果市場對重要的新資訊反應迅速，那麼它就是具有資訊效率的市場。有關此觀點的論述很多，一個典型的例子是，股價對盈餘公告的反應。當一家公司的獲利大大超過或遠遠低於預期的金額時，該公司的股價通常會在幾秒內做出反應。這種快速反應並不局限於特定公司的新聞。當重大的宏觀經濟資料公布時，如通貨膨脹的非預期劇烈波動，也會對股票價格產生

直接影響。美國911恐怖攻擊等意外事件亦是如此。

　　但是，對資訊的快速反應並不等同於正確反應。一家公司的股價可能會隨著獲利下滑而波動，但它的波動幅度是否合理呢？更為重要的是，股價波動前的初始價格是否反應了公司的基本價值？這些問題觸及基本效率的概念——股票市場是否理性地反應出公司的基本價值？目前這個問題還沒有明確答案。

　　1986年，經濟學家賴瑞・薩默斯（Larry Summers）對這個問題提出了如下解釋：

> 　　現有證據不足以顯示金融市場正確地反應了基本資訊……迄今為止所使用的統計檢驗方法，在分辨市場的非有效性方面能力不足，但這不表示市場就是有效的。即使掌握了精確的資料和最先進的統計方法，也不能充分證明市場價格沒有背離合理價值。

　　透過以下例子，讀者可以更理解這一問題，電動車大廠特斯拉（Tesla）具有廣泛的投資者基礎，媒體的關注度也相當高。特斯拉公司的股價對新聞中的任何風吹草動皆十分敏感，特斯拉公司的股票可能是全世界資訊效率最高的股票之一。但這是否意味著：價格在變化的過程中反應了基本價值？我們認為情況並非如此，不過這僅僅是我們的觀點。薩默斯認為，即使股票市場價格不能正確反應出基本價值，也不影響其對資訊

的敏感度。

　　這讓人想起經濟學家費雪・布萊克（Fischer Black）就任美國金融協會主席時發表的演說。

　　　　所有的價值預估都是無規律可循的，所以我們永遠不可能知道價格偏離價值的程度。但我們可以將效率市場定義為價格與價值偏差在2倍以內的市場，即價格是實際價值的一半以上或2倍以下。當然這個2倍是隨機的。我們認為此想法是合理的，因為價格對價值反應程度的因素是不確定的。在此定義下，至少90%的市場是有效的。

　　布萊克與薩默斯的看法一致，他們在過去30年所做的研究也論證了這個觀點。現在普遍認為，儘管價格可以迅速反應資訊，但沒有證據顯示它合理反應出基本價值。行為金融學的興起進一步質疑了市場的有效性。時至今日，股市有效的程度仍是未解之謎。這為那些基於基本面估值的主動投資者打開了尋求高收益的大門。但事實上，即使這扇大門敞開，也不意味著所有投資者都可以登堂入室。若市場價格偏離基本價值，那麼基本價值與特定投資者預估的價值之間差距可能會更大。想戰勝市場，不僅要等市場出現錯誤，自己還要盡可能少犯錯。

　　上述觀點似乎自相矛盾。若價格明顯偏離基本價值，那麼根據價值評估的投資者不應該獲得更高的收益嗎？但情況可能

並非如此，原因如下：

第一，「基本價值」是無形的，是人們的一種評判。價值的評判因人而異，例如，我們對特斯拉公司價值的判斷就與市場存在著巨大的差異，而人為判斷又有可能是錯誤的。

第二，即使投資者準確地衡量出基本價值，也沒有理由相信市場很快就會趨同。市場很有可能在連續數天出現同樣的偏差。事實上，這一偏差甚至會隨著時間的推移而增加，導致基本面投資者短期受損。

第三，股價的波動很劇烈。基本面分析的投資者為了獲得更高的收益，必然增加持有低估的股票（相對於其在市場投資組合中的權重），減少持有（甚至賣空）高估的股票。正如將在第四章討論「風險與報酬」的關係，這種投資行為將承擔額外的風險。

第四，市場儘管未達到完全有效的程度，但競爭十分激烈。若有方法能識別定價錯誤的股票，精明的投資者會競相採用該方法，股價會迅速變動從而消除錯誤定價。因此，在競爭激烈的市場上，持續的錯誤定價要麼不易發現，要麼即使發現也很難加以利用。

這不代表根據基本估值的投資注定失敗。例如，巴菲特是一個基本面投資者，顯然他十分成功。但同時，這確實是一項充滿風險的投資。我們將在第五章進一步討論該問題。

賴瑞・薩默斯還提出一個與「番茄醬經濟學」（Ketchup

Economics）相關的深入見解。他指出，從某種意義上說，番茄醬市場效率很高，因為除非交易成本出現偏差，否則2夸脫（夸脫為容量單位，每1濕量夸脫約為0.946升）番茄醬的售價總是比1夸脫番茄醬高出一倍。此外，2夸脫與1夸脫的瓶裝番茄醬價格，兩者之間的任何偏差都會被迅速套利。然而，這不意味著番茄醬的基本價格是正確的。如果番茄醬的價格普遍偏離其基本價值，也不一定就會有某種力量推動其回歸均衡。

效率市場假說與夏普法則

效率市場假說似乎是夏普法則的重述，但兩者有本質上的區別。夏普法則沒有提及證券定價或市場效率。市場效率可能極低，而且會受到投資者情緒波動所影響，這些因素會導致持續的定價錯誤，此時夏普法則的結論仍站得住腳。投資市場作為一個整體，其被動投資者的表現仍優於主動投資者。若主動投資者想利用錯誤定價的優勢，就必須犧牲其他未意識到錯誤定價的主動投資者利益。效率市場假說的觀點是：在一個有效的市場中，源於公開資訊的錯誤定價證券並不存在，因此沒有主動投資者能夠持續戰勝市場。這對主動投資者中的輸家來說是個好消息，因為若所有的證券都是公平定價的，那麼有經驗的投資者就無法利用股市「韭菜」（指新散戶）了。

這一觀點值得反覆思考。效率市場假說建議投資者被動投

資。例如，一位基金經理人曾對客戶說：「被動投資的優勢在於主動投資者會努力使市場價格趨於公平——這就是無法投機的原因。」如果效率市場假說成立，那麼投資者應該是被動的，因為研究和交易產生的成本不會帶來好處。該基金經理人的觀點是正確的，但正如上文所說，市場在均衡狀態下效率並不高，這是否意味著投資者要主動投資呢？答案是否定的。即使在低效率的市場，夏普法則也成立。事實上，在效率極低的市場中，個人投資者保持被動可能更為重要。因為主動投資會使他們成為那些有經驗投資者的交易對手方，最終淪為「接盤俠」（指買下他人賣出的股票，接受他人拋出的盤）。潛在定價錯誤越大，菜鳥投資者就越有可能迷失在這些錯誤中。具體來說，假設同時存在定價偏高和偏低的股票，對被動投資者來說，他們按照市場組合的權重持有股票，兩者可以相互抵消。但對主動投資者來說卻並非如此。他們很有可能持有更多定價偏高的股票和更少的定價偏低股票，進而造成損失。事實上，研究發現，個人投資者的表現不如被動指數。站在夏普法則的角度看，他們可能成為老練投資者戰勝市場時的輸家。

個人投資者可以藉由被動持有追蹤指數的市場組合，來完全消除成為輸家的風險，同時確保績效表現優於主動投資者。這顯示出夏普法則和市場有效性對個人投資者的重要性。同時也帶來一個問題：交易的對手方是誰？

你的交易對手是誰？

　　假設你已經決定成為主動投資者，夏普法則告訴我們，要想比被動投資者獲得更好的效益，就必須有其他主動投資者承受損失。那麼，這些投資者是誰呢？2008年，肯尼斯·佛倫奇（Kenneth French）教授在美國金融協會的演說中詳細闡述了這一點。他的研究結果如表2-1所示。注重細節的讀者可能注意到這些百分比加起來超過100%。這是由於不同類別股票之間存在著不可避免的重疊。儘管如此，此表對於不同的美國股票持有者的相對比例還是做出了很好的總結。

　　從表2-1中可以看出以下訊息。第一，家庭直接持股從1980年的47.9%下降到2007年的21.5%。此外，這些數字可能誇大了「個人投資者」的重要性。直接持股資產中，有很大一部分屬於巴菲特等非常富有的個人、以及類似大富豪普利茨克

表2-1　持有美國股票的百分比

	1980年	2007年
家庭直接持股	47.9%	21.5%
共同基金	5.1%	33.5%
指數股票型基金	0.0%	3.0%
避險基金	0.0%	2.2%
養老金計畫和員工持股計畫	24.8%	15.1%
公共基金和非營利組織	12.7%	12.9%
銀行及保險公司	9.4%	11.8%
外國投資者	7.6%	16.3%

家族經營的家族企業。

第二，指數股票型基金（Exchange Traded Funds，ETFs）和避險基金應運而生。在1980年，它們未持有任何股份。到2007年，它們持有的股份占總數的5%以上。2008年以來，它們的持股呈爆炸式增長，尤其是指數股票型基金。因此，表中資料明顯低估了這些基金的當前持有量。指數股票型基金是被動或準被動投資者的理想工具。例如，全球最大的投資管理公司先鋒集團（Vanguard Group）擁有數十檔高流動性的指數股票型基金，其中一些管理著數千億美元的基金。這些基金在追蹤包括標普500指數和CRSP總市場指數在內的知名指數方面表現出色，每年的成本不到0.10%，即10個基點（一個基點是0.01%）。這使得多樣化被動投資既容易達成又具有成本效益。

第三，外國投資者持有資產從1980年的7.6%增加到2007年的16.3%，翻了一倍以上。這種增長大多歸因於成熟的主權財富基金的興起。例如，挪威主權財富基金（Norwegian Sovereign wealth fund）最近超過1兆美元，被公認為世界上管理最好的基金之一。中國和沙烏地阿拉伯也擁有龐大的主權財富基金。

第四，共同基金持有量從1980年的5.1%大幅上升到2007年的33.5%。到2007年，共同基金已經取代直接持股者，成為美國股票的最大所有者。

第五，雖然養老金計畫的持有量從1980年的24.8%下降到

2007年的15.1%，但仍不可忽視。

第六，公共基金和非營利組織基本上保持穩定，只占總數的12%左右。然而，穩定的背後有一個重要訊息，公共基金占比幾乎翻倍，而非營利組織卻在下降。

第七，銀行及保險公司持有的股份大致維持在10%左右。

在佛倫奇教授演說後的幾年中，明顯的變動是，投資者從直接持有股票轉向持有共同基金和指數股票型基金。儘管如此，市場還是存在老練的機構及投資者，甚至比2007年更多。

表2-1所示的機構均為最終資產持有者，但通常不是決策者。例如，加州公務員退休基金（CALPERS）是表中最大的公共投資者之一。然而，加州公務員退休基金並不自己管理資產，而是將其委託給資本研究和管理公司（Capital Research and Management Company）等專業資金管理公司。此外，它還雇用投資顧問公司幫助選擇管理機構和投資經理。例如，威爾夏公司（Wilshire Associates）曾幫助加州公務員退休基金追蹤和分析投資經理的績效表現。

這代表每次交易時，表2-1中的機構或其聘用的專業投資經理都可能成為交易對手方。若你打算增加持有你認為股價被低估的股票，就要思考為什麼賣方會減少持有。永遠記住，一個主動投資者只有在另一個投資者虧損的前提下，才能戰勝市場。例如，若交易的對手方是高盛或挪威主權財富基金，你需要思考自己掌握了哪些他們還沒有掌握的資訊。就像一個經典

的撲克玩家笑話一樣:「如果玩家在遊戲中總想著『誰會是輸掉的笨蛋?』那麼他很可能就是那個笨蛋!」夏普法則明確指出,你可能是股票交易中的那個笨蛋。因此,你要謹慎思考每一次的交易。

在理解夏普法則時,金融機構沒有任何作用。能說會道的人總是在分析每一分鐘的公告資訊,就好像它一定會對交易產生影響一樣。許多機構直接告訴你交易什麼,這些訊息很大程度上是在欺騙投資人。例如,在一家金融機構刊登的廣告中,一個年輕人坐在飛機後排。他感到不舒服,於是走到頭等艙,羨慕地看著裡面那些穿著講究的人坐在沙發上享受美酒。此時,一位空服員走過來拉上他面前的簾子;然後螢幕上出現一句話:「不要氣餒,去買股票。」這樣的廣告暗示,只要你進行交易,就能成為坐在頭等艙的人。夏普教授認為,一個毫無經驗的菜鳥成為主動投資者,很可能成為高盛等這類有經驗機構的對手方。在此情況下,你認為誰能夠戰勝市場呢?答案是:他們都不能。

關於市場非理性的觀點也層出不窮。例如,為什麼理性市場在一天內會像1987年那樣崩盤超過20%?為什麼在2015年會出現閃電崩盤?這些說法都暗示了,如果你比市場更理性,你就能戰勝市場。但是,正如我們在行為金融學中看到的觀點,許多投資者是非理性的,無法對股市進行預測。此外,對市場和個人非理性的影響因素是不同的。大多數對個體非理性

的研究都是以大學生為樣本，但佛倫奇教授認為，投資決策通常不是由個人做出的，更別說是大學生了。相反，投資決策通常是由雇用專業經理人的機構做出，因為他們受過專業培訓，能做出理性的投資決策。但他們尚且不能每次都成功，你有什麼理由認為自己可以做得更好呢？

主動投資還有一個隱性成本。被動投資者通常持有多樣化、與標普500指數或股票市場總指數相匹配的投資組合。而主動投資者，尤其是個人投資者，並不能做到足夠分散。主動投資者會增加持有自認為定價錯誤的證券，從而偏離標普500指數的投資組合。正如我們將在第四章討論的，透過分散投資可以消除的風險，並不會得到風險補償。因此，主動投資者最終承擔了沒有補償的風險，若投資者能合理掌握投資的安全性，那麼風險是可以接受的，但若不能成為贏家，投資者將承擔更大且沒有回報的風險。

也許股神華倫・巴菲特能給我們答案。2013年，在巴菲特致波克夏公司股東的信中，他寫道：

顯然，大多數投資者不會優先研究商業前景。聰明的人會意識到：他們對實際業務不夠了解，無法預測企業未來的獲利能力。

我有個好消息要告訴這些非專業投資者：投資者不需要這種技能。總體來說，隨著時間的推移，美國企業已經

有了很好的發展，並且會持續健康地發展（不過，其中的波動起伏是不可預測的）。在20世紀，道瓊工業指數從66點升至11,497點，支付的紅利越來越多，在21世紀還將有更大的獲利，幾乎肯定會有實質的進步。非專業投資者的目標不應該是成為贏家，不論是投資者還是他的顧問都做不到永遠成為贏家，而是要擁有一個整體上必定會做得很好的投資組合。投資者可以選擇標普500指數來達成這一目標。

這就是非專業投資者的「目的」。投資的「時機」也很重要。菜鳥投資者面臨的風險是在市場極度繁榮時進入市場，發生損失後才反應過來。對投資者來說，規避這種風險的方法是長期持有股票，不要在股價遠低於最高點時賣出。遵循這些規則，菜鳥投資者既能分散投資，又能將成本降至最低，從而擁有好的投資效益。實際上，能夠認識自己缺點的菜鳥投資者，相比那些對自己的任何缺點都視若無睹的專業投資者，更有可能獲得更好的長期回報。

但我們注意到，巴菲特並沒有聽從自己的建議。他是一位主動投資者，他把普通股集中投資在少數幾家大型公司。坦白來說，我們認同巴菲特的觀點，基於巴菲特對公司基本估值的觀點，我們成了主動投資者。我們將在最後一章討論這個問題。

現實與理論一致嗎？

你可能對眾多有關投資績效的理論和實踐研究持懷疑態度，但這不影響你繼續閱讀本書。本書僅介紹投資的基礎概念，不會對學術文獻進行深入討論。但有一個需要解決的問題是，站在效率市場假說和夏普法則的角度，專業投資者實際表現如何？具有詳細報告的共同基金能很好地回答這個問題。表2-2概括了關於共同基金績效表現的大量文獻，將它們按共同基金的類型分類，方便與適當的基準進行比較。例如，將小型股基金經理人的績效與小型股指數比較。根據夏普法則的觀點，購買小型股指數的被動投資者表現優於主動投資者。

表2-2顯示了1年、3年、5年、10年和15年的期限內，主動管理基金的表現優於其被動標普基準的比例。參考的基金類別包括：大型股、小型股、大型成長股基金、大型價值型基

表2-2　積極管理共同基金的績效與基準的比較

基金數量	基金類別	基準	表現優於基準的比例（%）				
			1年	3年	5年	10年	15年
866	大型股	標普500	43.44	18.15	17.32	14.92	6.82
543	小型股	標普小型股600	41.45	11.26	6.17	5.94	5.57
243	大型成長股基金	標普500成長型	62.14	25.19	23.57	7.69	4.94
329	大型價值型基金	標普500價值型	47.71	12.81	11.37	35.75	16.94
187	小型成長股基金	標普小型股600	50.17	11.98	9.95	4.52	0.65

數據來源：標準普爾年中期報告，2017年8月

金、小型成長股基金。[4]在1年的投資期內，約有50%的基金表現優於各自的基準。如果主動投資者被分為贏家和輸家，可能會出現這樣的觀點——若贏家保持他們的獲利方式，則有一半的基金會有長期良好的表現。但情況並非如此，隨著持有期的延長，表現優於基準的主動投資者比例不斷下降。到第15年，除了大型價值型基金，只有5%的主動投資基金績效超過基準。即使是大型價值型基金，也只在不到17%的時間贏過基準。基金表現不佳的原因是存在主動交易成本，每年的交易成本是固定的，但投資績效是上下波動的。因此，被動投資者的主動交易成本往往會大於主動交易收益。在交易成本最高的小型成長股基金中，15年間，只有不到1%的情況優於基準。這一結論與夏普法則和市場效率的觀點一致。

夏普法則同時適用於群體，而不只是個體。夏普法則認為一些特別出色的經理人可能持續贏過大盤。市場效率也應證了這一觀點，在一個相對有效的市場中，沒有主動投資者可以持續戰勝市場。透過以下方法可以檢驗該觀點是否正確：第一年，將主動投資者分為贏家和輸家。根據表2-2，兩者比例基本持平。若第一年中的贏家真的更專業，這些人中的一半會繼續成為第二年的贏家。以此類推，在前兩年中連續成為贏家的

---

4 小型股和大型股是指基金所持市值不同的股票。市值是指公司股票的市場價值，以當期價格乘以已發行的股票得到。成長型股票是指市值與當前收益相比較大的股票，而價值型股票則相反。

投資者，在第三年也可能持續成為贏家。將時間延展到第五年也會得出同樣結論。在第一年的贏家中有50%的人在第二年繼續成為贏家。前兩年的贏家中有50%的人成為第三年的贏家。年復一年，不論上一年投資者表現如何，在下一年都有50%的機率成為贏家。只要證券價格合理，那麼上述結論就是正確的，效率市場假說及資料都證明了這一點。

有人會懷疑上述過程並不能識別出真正優秀的投資者，畢竟有巴菲特這樣的例子存在。但在考慮巴菲特的問題時，應注意一點，彩券中獎者效益良好並不代表他是優秀的投資人，也不意味著買彩券是正確的投資策略。在大樣本環境下，憑運氣也能獲得好的投資績效。這不代表巴菲特的成功是靠運氣，他的教育背景、分析問題的能力、洞察力、耐心及對細節的關注，都是他成功的因素。但我們還是要對基於大樣本得出的極端結論持懷疑態度。

以下例子能說明在一個競爭激烈的市場上，持續成為贏家有多困難，尤其是在必須不斷增加投資資金的情況下。根據巴菲特在2017年寫給波克夏公司股東的信，表2-3呈現了巴菲特從1965年開始（每10年為一個年段）相對於標普500指數的表現。在前30年裡，波克夏公司的股票表現明顯優於標普500指數，其幾何平均報酬率為28.01%，標普500指數的報酬率為9.94%。考慮複利時，這一報酬率的差異影響很大。1965年初投資標普500指數1美元，到1994年底將增至17.17美元，若投資

表2-3 波克夏公司與標普500指數的比較

幾何平均報酬率	波克夏公司	標普500指數	波克夏公司的超額報酬
1964-1974年	12.45%	1.39%	11.07%
1975-1984年	41.01%	11.05%	29.96%
1985-1994年	23.50%	11.25%	12.25%
1995-2004年	9.93%	6.34%	3.59%
2005-2016年	8.80%	7.07%	1.73%
前30年	28.01%	9.94%	18.07%
整個期間	20.94%	9.78%	11.16%

於波克夏公司,將增長到1,647.93美元。但在之後的20年裡,巴菲特的表現開始下滑,在2004年以前的10年中,表現僅比標普500指數高3.59%,在2005年後的10年中,更是下降到1.73%。

最後,關於多樣化投資,還有一個問題需要指出:人們認為股票都會跟著市場的方向變動,但事實並非如此,美國金融學教授亨德里克·貝賽姆賓德(Hendrik Bessembinder)針對1926～2016年CRSP資料庫中所有股票的綜合研究發現:

(1)只有42.6%的股票,長期報酬率超過了在相同期限內持有一個月美國國債的報酬率。

(2)在資料庫的25,332家公司中,股市財富的增長完全由1,092家(略高於4%)創造。

(3)這1,092家公司中的90家公司(約占總數0.36%)就帶來一半的增長。

　　貝賽姆賓德教授的研究顯示，如果廣泛分散投資，那麼投資者的收益將主要源自持有權重較小的股票。但若主動投資者在投資時恰好避開這些股票，其長期報酬率可能低於短期國債的報酬率。分散持有證券的優勢在於，若恰好投資了獲利的股票，則投資者表現優於市場表現，但這一優勢也伴隨著找不到獲利股票的風險。

基本概念2 ————————————————————

　　投資的第二個概念是：理解金融市場的微觀結構。投資者熙熙攘攘，皆為利而來。夏普法則認為，如果投資者被動持有市場指數基金，那麼其表現肯定優於一般投資者，甚至比絕大多數主動投資者表現更好。若你立志成為主動投資者，應當謹記夏普法則的警示，你可以比被動投資者做得更好，但前提必須是：有其他的主動投資者做得更差，你們雙方都得為主動投資付出代價。更慘的是，你的交易對手很可能是一家人才濟濟的投資機構，而他們的觀點恰恰與你相左。令主動投資者欣慰的是，效率市場假說認為，在競爭非常激烈的市場中，無論是績優股還是表現不良的股票均被公平定價，很難找到定價錯誤的證券。這就意味著，主動投資者即便遇到更精明的交易對手，鹿死誰手還是個未知數。

債券和通貨膨脹

　　通貨膨脹通常被描述為商品和服務的價格上漲，但這種描述存在一定的誤導性。確切地說，通貨膨脹表示單位貨幣的購買力下降。

　　透過一個例子來加深讀者們的理解。測量距離常用的單位是「公尺」。到了20世紀，一個保存在巴黎密閉恆溫保險庫裡的鉑條，其長度被當作是「公尺」的定義。如果要測量某一物體是否有一公尺長，可以用保險庫中的鉑條來確認。

　　現在假設有外在力量使鉑條縮短，我們如何知道這種變化呢？根據定義，保險庫中的鉑條長度始終為「1公尺」，若使用不斷縮短的鉑條測量其他物體長度時，其他物體的長度會逐漸增加。例如，假設鉑條以每年2%的速度縮短，此時，用鉑條測量的物體長度就會每年增長2%。讀者可能會產生疑問，物體的長度也可能是其他因素變化導致的。例如，正在生長發育期的小孩身高越來越高，一方面因為孩子在長高，另一方面也因為參照物在縮小。

　　要解決上述問題的方法，就是提出「公尺」的確切標準。假設以2017年1月1日一根鉑條的長度為「一標準公尺」，其他長度就能以「2017年公尺」為單位度量。這就解決了參照物縮小的問題。

　　這看上去有些煩瑣，但從測量角度來看是合理的。對美元而言，過去一個世紀幾乎每年如此。當美元貶值時，我們會感受到商品和服務的價格上漲，因為這些都是以美元衡量的。此

外，就像成長中的小孩一樣，價格的變化不僅因為美元貶值，還因為其他因素。因此，追蹤商品和服務價格的美國勞工部勞動統計局（Bureau of Labor Statistics，BLS）使用的是定值美元。美國勞工部勞動統計局用美元現值（今天的單位）和定值美元（反應2010年美元的購買力）來定義物價。

為了全面衡量物價的變化，美國勞工部勞動統計局建立了消費者物價指數（Consumer Price Index，CPI）。消費者物價指數衡量的是購買各種商品和服務的成本。該指數是根據人們消費商品／服務的組成與品質的變化而調整。通貨膨脹率被定義為消費者物價指數變動的百分比。

通貨膨脹之所以重要，是因為消費者購買的是商品和服務，而不是美元。美元不斷貶值，不能僅透過觀察投資者終值來衡量投資績效，有可能持有期結束時的美元價值低於初始投資的美元價值。相反，要使用實際報酬率（即經過通貨膨脹調整後的報酬率）來計算真正的投資終值。為了區別兩者，我們將「以當期美元價值」表示的報酬率稱為「名目報酬率」。實際例子能幫助理解，舉例前先來看一些通貨膨脹的實際情況。

表3-1第二欄是1926～2017年的通貨膨脹年增率。資料顯示，美國的通貨膨脹率一直不穩定。從1926年開始，前7年通貨膨脹率為負（存在通貨緊縮）。在1932年經濟大蕭條最嚴重的時候，通貨緊縮率達到10%。隨著第二次世界大戰爆發，通貨膨脹率急劇上升，1946年高達18.13%。20世紀50年代和60

年代初，通貨膨脹處於穩定狀態，平均通貨膨脹率不到2%。
隨後在1973～1981年，美國經歷了長期的嚴重通貨膨脹，平
均通貨膨脹率接近10%。近年來，在2008年金融危機後，通
貨膨脹年增率已經回落到2%左右的水準。目前，美國聯準會
（Fed）的通貨膨脹年增率目標是2%。1926～2017年的通貨膨
脹率均值為2.97%。

表3-1　1926～2017年美國通貨膨脹率

年	通貨膨脹	1美元的購買力
		1.000
1926	-1.12%	1.011
1927	-2.26%	1.035
1928	-1.16%	1.047
1929	0.58%	1.041
1930	-6.40%	1.112
1931	-9.32%	1.226
1932	-10.27%	1.366
1933	0.76%	1.356
1934	1.52%	1.336
1935	2.99%	1.297
1936	1.45%	1.279
1937	2.86%	1.243
1938	-2.78%	1.279
1939	0.00%	1.279
1940	0.71%	1.270
1941	9.93%	1.155
1942	9.03%	1.059

年	通貨膨脹	1美元的購買力
1943	2.96%	1.029
1944	2.30%	1.006
1945	2.25%	0.984
1946	18.13%	0.833
1947	8.84%	0.765
1948	2.99%	0.743
1949	-2.07%	0.758
1950	5.93%	0.716
1951	6.00%	0.675
1952	0.75%	0.670
1953	0.75%	0.665
1954	-0.74%	0.670
1955	0.37%	0.668
1956	2.98%	0.649
1957	2.90%	0.630
1958	1.76%	0.619
1959	1.73%	0.609
1960	1.36%	0.601
1961	0.67%	0.597
1962	1.33%	0.589
1963	1.64%	0.579
1964	0.97%	0.574
1965	1.92%	0.563
1966	3.46%	0.544
1967	3.04%	0.528
1968	4.72%	0.504
1969	6.20%	0.475
1970	5.57%	0.450
1971	3.27%	0.436

年	通貨膨脹	1美元的購買力
1972	3.41%	0.421
1973	8.71%	0.387
1974	12.34%	0.345
1975	6.94%	0.323
1976	4.86%	0.308
1977	6.70%	0.288
1978	9.02%	0.264
1979	13.29%	0.233
1980	12.52%	0.207
1981	8.92%	0.190
1982	3.83%	0.183
1983	3.79%	0.177
1984	3.95%	0.170
1985	3.80%	0.164
1986	1.10%	0.162
1987	4.43%	0.155
1988	4.42%	0.149
1989	4.65%	0.142
1990	6.11%	0.134
1991	3.06%	0.130
1992	2.90%	0.126
1993	2.75%	0.123
1994	2.67%	0.120
1995	2.54%	0.117
1996	3.32%	0.113
1997	1.70%	0.111
1998	1.61%	0.109
1999	2.68%	0.106
2000	3.39%	0.103

年	通貨膨脹	1美元的購買力
2001	1.55%	0.101
2002	2.38%	0.099
2003	1.88%	0.097
2004	3.26%	0.094
2005	3.42%	0.091
2006	2.54%	0.089
2007	4.08%	0.085
2008	0.09%	0.085
2009	2.72%	0.083
2010	1.50%	0.082
2011	2.96%	0.079
2012	1.74%	0.078
2013	1.50%	0.077
2014	0.76%	0.076
2015	0.73%	0.076
2016	2.11%	0.074
2017	2.11%	0.073
均值	2.97%	

　　表3-1的第三欄，以1926年1美元為起點，計算當年度美元價值，即1美元購買力。到1933年，1926年的1美元購買力已經上升到1.356美元。但隨著通貨膨脹的出現，美元開始貶值。到2017年，1美元的購買力已經下降到7.3美分（0.073美元）。

　　儘管美國通貨膨脹率在−10%～10%之間波動，但相較於國際歷史標準還是很小，通貨膨脹年增率達到100%或更

高並不罕見，近幾十年來，有的國家通貨膨脹年增率已超過
1,000,000%。目前，100兆辛巴威幣在eBay上的購買力與20美
元的購買力相同；德國的物價在第一次世界大戰後上漲了1012
倍。

　　為了說明通貨膨脹對實際投資報酬率的影響，表3-2的第
二欄先列出了CRSP資料中心提供的名目報酬率。確定名目報
酬率時，實際報酬率的計算公式如下：

實際報酬率＝（1＋名目報酬率）/（1＋通貨膨脹率）－1　　（3.1）

　　透過公式（3.1）可以計算出表3-2第三欄的實際報酬率。
第四欄和第五欄分別為使用名目報酬率和實際報酬率計算的投
資終值。結果顯示，通貨膨脹的影響顯著。以名目報酬率計
算，1926年投資的1美元在2017年升至5,599.04美元。但實際
上其價值只有395.65美元。後者才是投資者實際的財富增長。

表3-2　1926～2017年的實際報酬率

年	名目報酬率	實際報酬率	名目投資終值（美元）	實際投資終值（美元）
			1.00	1.00
1926	9.85%	11.09%	1.10	1.11
1927	32.87%	35.94%	1.46	1.51
1928	39.14%	40.77%	2.03	2.13
1929	-15.10%	-15.59%	1.72	1.79
1930	-28.90%	-24.04%	1.23	1.36
1931	-44.39%	-38.67%	0.68	0.84

年	名目報酬率	實際報酬率	名目投資終值（美元）	實際投資終值（美元）
1932	-7.94%	2.60%	0.63	0.86
1933	57.41%	56.22%	0.99	1.34
1934	3.18%	1.64%	1.02	1.36
1935	45.45%	41.23%	1.48	1.92
1936	32.32%	30.43%	1.96	2.51
1937	-34.60%	-36.42%	1.28	1.59
1938	28.44%	32.11%	1.65	2.11
1939	1.84%	1.84%	1.68	2.15
1940	-7.51%	-8.17%	1.55	1.97
1941	-10.04%	-18.16%	1.40	1.61
1942	16.72%	7.05%	1.63	1.73
1943	27.97%	24.29%	2.09	2.15
1944	21.36%	18.64%	2.53	2.55
1945	39.06%	36.00%	3.52	3.46
1946	-6.42%	-20.78%	3.29	2.74
1947	3.29%	-5.09%	3.40	2.60
1948	2.13%	-0.84%	3.47	2.58
1949	20.11%	22.65%	4.17	3.17
1950	30.47%	23.17%	5.45	3.90
1951	20.94%	14.10%	6.59	4.45
1952	13.33%	12.48%	7.46	5.00
1953	0.38%	-0.36%	7.49	4.99
1954	50.41%	51.54%	11.27	7.56
1955	25.41%	24.95%	14.13	9.44
1956	8.58%	5.43%	15.35	9.95
1957	-10.35%	-12.87%	13.76	8.67
1958	44.78%	42.27%	19.92	12.34
1959	12.65%	10.73%	22.44	13.66
1960	1.21%	-0.15%	22.71	13.64
1961	26.96%	26.11%	28.83	17.20
1962	-9.93%	-11.11%	25.97	15.29

年	名目報酬率	實際報酬率	名目投資終值（美元）	實際投資終值（美元）
1963	21.40%	19.43%	31.53	18.26
1964	16.35%	15.23%	36.68	21.04
1965	14.06%	11.91%	41.84	23.55
1966	-8.86%	-11.90%	38.13	20.75
1967	26.84%	23.10%	48.36	25.54
1968	12.75%	7.67%	54.53	27.50
1969	-9.82%	-15.08%	49.18	23.35
1970	1.29%	-4.06%	49.81	22.40
1971	15.84%	12.18%	57.70	25.13
1972	17.64%	13.76%	67.88	28.59
1973	-16.92%	-23.57%	56.39	21.85
1974	-26.81%	-34.85%	41.27	14.24
1975	37.66%	28.73%	56.82	18.33
1976	26.25%	20.39%	71.73	22.06
1977	-4.84%	-10.82%	68.26	19.68
1978	7.33%	-1.55%	73.27	19.37
1979	21.88%	7.58%	89.30	20.84
1980	32.63%	17.88%	118.44	24.57
1981	-4.14%	-12.00%	113.53	21.62
1982	21.00%	16.54%	137.37	25.19
1983	22.76%	18.27%	168.63	29.80
1984	5.79%	1.77%	178.39	30.32
1985	31.74%	26.92%	235.01	38.49
1986	17.32%	16.05%	275.72	44.66
1987	2.89%	-1.48%	283.69	44.00
1988	17.57%	12.59%	333.53	49.55
1989	29.61%	23.86%	432.29	61.36
1990	-4.27%	-9.78%	413.85	55.37
1991	30.65%	26.77%	540.71	70.19
1992	8.22%	5.17%	585.14	73.81
1993	10.75%	7.79%	648.04	79.56

年	名目報酬率	實際報酬率	名目投資終值（美元）	實際投資終值（美元）
1994	-0.09%	-2.69%	647.47	77.42
1995	35.07%	31.72%	874.51	101.98
1996	21.35%	17.44%	1061.19	119.77
1997	32.32%	30.10%	1404.13	155.82
1998	19.13%	17.25%	1672.80	182.69
1999	10.38%	7.49%	1846.43	196.38
2000	3.47%	0.09%	1910.59	196.55
2001	-8.45%	-9.85%	1749.15	177.19
2002	-18.22%	-20.11%	1430.54	141.55
2003	29.13%	26.75%	1847.32	179.42
2004	13.88%	10.29%	2103.67	197.87
2005	8.45%	4.87%	2281.49	207.51
2006	17.62%	14.71%	2683.55	238.03
2007	6.62%	2.44%	2861.21	243.84
2008	-37.83%	-37.88%	1778.89	151.46
2009	28.13%	24.73%	2279.23	188.92
2010	17.78%	16.04%	2684.42	219.23
2011	-0.89%	-3.74%	2660.65	211.04
2012	15.51%	13.54%	3073.41	239.61
2013	29.45%	27.54%	3978.64	305.59
2014	9.45%	8.63%	4354.70	331.96
2015	-4.55%	-5.24%	4156.62	314.57
2016	14.48%	12.15%	4758.33	352.79
2017	17.67%	12.15%	5599.04	395.65
均值	11.69%	8.56%		

　　下頁表3-3繪製了CRSP市場指數名目和實際的投資終值。可以注意到，兩者的分歧出現在高通貨膨脹初期，通貨膨脹的長期影響顯而易見。

表3-3　1926～2017年CRSP指數名目和實際的投資終值

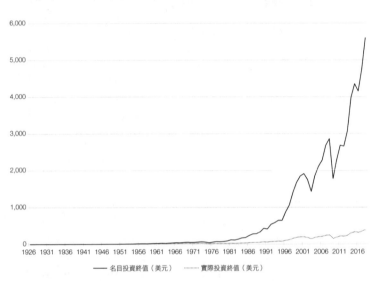

按照慣例，大多數投資績效用名目報酬率表示。這就會出現一個問題：在高通貨膨脹環境下的低收益，可能比低通貨膨脹環境下的低收益獲得的報酬率小。正如我們即將介紹的，通貨膨脹也會與稅金相互作用，因為大多數稅金是按名目價值徵收，這也會對投資者的投資終值產生影響。因此，即使是2%的通貨膨脹率，投資者也不可忽略，更何況有時低於2%。

在固定收益證券中，證券報酬與通貨膨脹的關係尤為重要。通貨膨脹透過兩種方式影響固定收益證券。首先，固定收益證券預期持有期內的通貨膨脹率，是該證券支付利率的主要決定因素。其次，從證券中獲得美元的真正購買力，取決於持

有期內的通貨膨脹率變化。若要深入理解此觀點，首先要更了解固定收益證券的知識，最好從世界上最主要的固定收益證券——美國的長期和短期國債開始了解。

美國的短期國債和長期國債

　　美國幾十年來一直存在巨額赤字，現在已有超過20兆美元的國債尚未償還。這些債務幾乎等於在紐約證券交易所交易的股票總價值。這類證券被稱為「無風險證券」，因為有美國政府做擔保，必要時政府可以採取印鈔的方式償還。但是除了美國抗通膨債券（Treasury Inflation-Protected Securities，TIPS），其他債券僅在名義上是無風險的，不能保證投資者最終獲得的美元購買力。

　　下頁表3-4顯示了兩種類型國債：短期國債和中長期國債。短期國債的持有期通常為1年以下（含1年），中期國債持有期為2～10年，長期國債持有期為10～30年。

　　表3-4中的價格是以次級市場報價為基礎。債券首次公開發行後，投資者透過政府證券交易商進行交易。交易商提出的價格為公司願意買入或賣出尚未付息國債的價格。儘管發行數量有限，但美國國債的交易量已經超過紐約證券交易所的交易量。這使得該債券市場成為流動性最強的市場之一。

表3-4　2017年11月20日的中長期國債和短期國債市場報價

中長期國債				
到期日	票面利率 （％）	出價 （美元）	要價 （美元）	到期殖利率 （％）
2017/11/30	0.875	99.977	99.992	1.191
2017/11/30	2.250	100.008	100.023	1.287
2017/12/15	1.000	99.992	100.008	0.879
2017/12/31	0.750	99.938	99.953	1.181
2017/12/31	1.000	99.969	99.984	1.142
2017/12/31	2.750	100.164	100.180	1.086
2018/1/15	0.875	99.953	99.969	1.083
2018/1/31	0.750	99.906	99.922	1.155
2018/1/31	0.875	99.930	99.945	1.158
2018/1/31	2.625	100.258	100.273	1.197
2018/2/15	1.000	99.930	99.945	1.233
2018/2/15	3.500	100.508	100.523	1.244
2018/2/28	0.750	99.836	99.852	1.294
2018/2/28	2.750	100.375	100.391	1.310
2018/3/15	1.000	99.898	99.914	1.273
2018/3/31	0.750	99.766	99.781	1.365
2018/3/31	0.875	99.813	99.828	1.358
2018/3/31	2.875	100.523	100.539	1.354
2018/4/15	0.750	99.766	99.781	1.302
2018/4/30	0.625	99.664	99.680	1.354
2018/4/30	0.750	99.711	99.727	1.372
2018/4/30	2.625	100.523	100.539	1.396
2018/5/15	1.000	99.805	99.820	1.374
2018/5/15	3.875	101.195	101.211	1.353
2018/5/15	9.125	103.656	103.672	1.473

到期日	票面利率 （％）	出價 （美元）	要價 （美元）	到期殖利率 （％）
2018/5/31	0.875	99.719	99.734	1.385
2018/5/31	1.000	99.781	99.797	1.390
2018/5/31	2.375	100.477	100.492	1.430
2018/6/15	1.125	99.805	99.820	1.445
2018/6/30	0.625	99.477	99.492	1.466
2018/6/30	1.375	99.938	99.953	1.452
2018/6/30	2.375	100.523	100.539	1.481
2018/7/15	0.875	99.602	99.617	1.469
2018/7/31	0.750	99.477	99.492	1.489
2018/7/31	1.375	99.906	99.922	1.488
2018/7/31	2.250	100.516	100.531	1.475
2018/8/15	1.000	99.602	99.617	1.526
2018/8/15	4.000	101.766	101.781	1.546
2018/8/31	0.750	99.367	99.383	1.555
2018/8/31	1.500	99.930	99.945	1.571
2018/9/15	1.000	99.508	99.523	1.590
2018/9/30	0.750	99.273	99.289	1.588
2018/9/30	1.375	99.789	99.805	1.605
2018/10/15	0.875	99.344	99.359	1.596
2018/10/31	0.750	99.188	99.203	1.606
2018/10/31	1.250	99.625	99.641	1.636
2018/10/31	1.750	100.117	100.133	1.607
2018/11/15	1.250	99.617	99.633	1.628
2018/11/15	3.750	102.039	102.055	1.635
2018/11/15	9.000	107.219	107.234	1.558
2018/11/30	1.000	99.344	99.359	1.633
2018/11/30	1.250	99.602	99.617	1.628
2018/11/30	1.375	99.742	99.758	1.614

到期日	票面利率 （%）	出價 （美元）	要價 （美元）	到期殖利率 （%）
2018/12/15	1.250	99.586	99.602	1.628
2018/12/31	1.250	99.555	99.570	1.642
2018/12/31	1.375	99.672	99.688	1.660
2018/12/31	1.500	99.828	99.844	1.642
2019/1/15	1.125	99.391	99.406	1.648
2019/1/31	1.125	99.352	99.367	1.663
2019/1/31	1.250	99.508	99.523	1.655
2019/1/31	1.500	99.789	99.805	1.665
2019/2/15	0.750	98.867	98.883	1.668
2019/2/15	2.750	101.305	101.320	1.663
2019/2/15	8.875	108.867	108.883	1.573
2019/2/28	1.125	99.297	99.313	1.672
2019/2/28	1.375	99.602	99.617	1.680
2019/2/28	1.500	99.766	99.781	1.674
2019/3/15	1.000	99.094	99.109	1.687
2019/3/31	1.250	99.406	99.422	1.682
2019/3/31	1.500	99.734	99.750	1.687
2019/3/31	1.625	99.906	99.922	1.683
2019/4/15	0.875	98.867	98.883	1.687
2019/4/30	1.250	99.344	99.359	1.701
2019/4/30	1.625	99.898	99.914	1.685
2019/5/15	0.875	98.805	98.820	1.684
2019/5/15	3.125	102.102	102.117	1.674
2019/5/31	1.125	99.148	99.164	1.683
2019/5/31	1.250	99.320	99.336	1.693
2019/5/31	1.500	99.695	99.711	1.693
2019/6/15	0.875	98.711	98.727	1.706
2019/6/30	1.000	98.867	98.883	1.707

到期日	票面利率 （％）	出價 （美元）	要價 （美元）	到期殖利率 （％）
2019/6/30	1.250	99.273	99.289	1.700
2019/6/30	1.625	99.852	99.867	1.709
2019/7/15	0.750	98.422	98.438	1.715
2019/7/31	0.875	98.602	98.617	1.707
2019/7/31	1.375	99.422	99.438	1.713
2019/7/31	1.625	99.805	99.820	1.733
2019/8/15	0.750	98.344	98.359	1.714
2019/8/15	3.625	103.234	103.250	1.713
2019/8/15	8.125	110.922	110.938	1.694
2019/8/31	1.000	98.734	98.750	1.718
2019/8/31	1.250	99.156	99.172	1.726
2019/8/31	1.625	99.789	99.805	1.737
2019/9/15	0.875	98.430	98.445	1.749
2019/9/30	1.000	98.641	98.656	1.738
2019/9/30	1.375	99.313	99.328	1.744
2019/9/30	1.750	99.984	100.000	1.750
2019/10/15	1.000	98.586	98.602	1.752
2019/10/31	1.250	99.047	99.063	1.743
2019/10/31	1.500	99.500	99.516	1.755
2019/11/15	1.000	98.523	98.539	1.753
2019/11/15	3.375	103.125	103.141	1.757
2019/11/30	1.000	98.477	98.492	1.761
2019/11/30	1.500	99.461	99.477	1.764
2019/12/15	1.375	99.195	99.211	1.766
2019/12/31	1.125	98.672	98.688	1.762
2019/12/31	1.625	99.656	99.672	1.784
2020/1/15	1.375	99.141	99.156	1.777
2020/1/31	1.250	98.836	98.852	1.786

到期日	票面利率 （％）	出價 （美元）	要價 （美元）	到期殖利率 （％）
2020/1/31	1.375	99.125	99.141	1.776
2020/2/15	1.375	99.094	99.109	1.783
2020/2/15	3.625	104.031	104.047	1.768
2020/2/15	8.500	114.844	114.859	1.691
2020/2/29	1.250	98.797	98.813	1.785
2020/2/29	1.375	99.086	99.102	1.780
2020/3/15	1.625	99.609	99.625	1.791
2020/3/31	1.125	98.469	98.484	1.784
2020/3/31	1.375	99.008	99.023	1.800
2020/4/30	1.125	98.391	98.406	1.795
2020/4/30	1.375	98.977	98.992	1.799
2020/5/15	1.500	99.258	99.273	1.800
2020/5/15	3.500	104.102	104.117	1.797
2020/5/15	8.750	116.992	117.008	1.724
2020/6/15	1.500	99.211	99.227	1.810
2020/6/30	1.625	99.492	99.508	1.819
2020/6/30	1.875	100.148	100.164	1.810
2020/7/15	1.500	99.156	99.172	1.821
2020/7/31	1.625	99.453	99.469	1.828
2020/7/31	2.000	100.438	100.453	1.826
2020/8/15	1.500	99.117	99.133	1.826
2020/8/15	2.625	102.102	102.117	1.827
2020/8/15	8.750	118.484	118.500	1.784
2020/8/31	1.375	98.750	98.766	1.833
2020/8/31	2.125	100.766	100.781	1.834
2020/9/15	1.375	98.773	98.789	1.818
2020/9/30	1.375	98.688	98.703	1.843
2020/9/30	2.000	100.430	100.445	1.839

到期日	票面利率 （％）	出價 （美元）	要價 （美元）	到期殖利率 （％）
2020/10/15	1.625	99.344	99.359	1.853
2020/10/31	1.375	98.617	98.633	1.855
2020/10/31	1.750	99.695	99.711	1.851
2020/11/15	1.750	99.672	99.688	1.858
2020/11/15	2.625	102.203	102.219	1.857
2020/11/30	1.625	99.273	99.289	1.868
2020/11/30	2.000	100.383	100.398	1.864
2020/12/31	1.750	99.586	99.602	1.882
2020/12/31	2.375	101.484	101.500	1.876
2021/1/31	1.375	98.359	98.375	1.90
2021/1/31	2.125	100.695	100.711	1.89
2021/2/15	3.625	105.422	105.438	1.88
2021/2/15	7.875	118.820	118.836	1.85
2021/2/28	1.125	97.500	97.516	1.91
2021/2/28	2.000	100.289	100.305	1.90
2021/3/31	1.250	97.797	97.813	1.93
2021/3/31	2.250	101.055	101.070	1.92
2021/4/30	1.375	98.117	98.133	1.94
2021/4/30	2.250	101.039	101.055	1.93
2021/5/15	3.125	104.016	104.031	1.92
2021/5/15	8.125	120.945	120.961	1.88
2021/5/31	1.375	98.039	98.055	1.95
2021/5/31	2.000	100.188	100.203	1.94
2021/6/30	1.125	97.125	97.141	1.95
2021/6/30	2.125	100.570	100.586	1.96
2021/7/31	1.125	96.992	97.008	1.97
2021/7/31	2.250	101.000	101.016	1.96
2021/8/15	2.125	100.531	100.547	1.97

到期日	票面利率 （%）	出價 （美元）	要價 （美元）	到期殖利率 （%）
2021/8/15	8.125	122.211	122.227	1.93
2021/8/31	1.125	96.891	96.906	1.98
2021/8/31	2.000	100.070	100.086	1.98
2021/9/30	1.125	96.773	96.789	1.99
2021/9/30	2.125	100.484	100.500	1.99
2021/10/31	1.250	97.164	97.180	2.00
2021/10/31	2.000	100.016	100.031	1.99
2021/11/15	2.000	100.055	100.070	1.98
2021/11/15	8.000	123.063	123.078	1.95
2021/11/30	1.750	98.969	98.984	2.01
2021/11/30	1.875	99.563	99.578	1.99
2021/12/31	2.000	99.891	99.906	2.02
2021/12/31	2.125	100.422	100.438	2.01
2022/1/31	1.500	97.906	97.922	2.02
2022/1/31	1.875	99.352	99.367	2.03
2022/2/15	2.000	99.977	99.992	2.00
2022/2/28	1.750	98.891	98.906	2.02
2022/2/28	1.875	99.320	99.336	2.04
2022/3/31	1.750	98.797	98.813	2.04
2022/3/31	1.875	99.250	99.266	2.05
2022/4/30	1.750	98.703	98.719	2.05
2022/4/30	1.875	99.203	99.219	2.06
2022/5/15	1.750	98.758	98.773	2.04
2022/5/31	1.750	98.664	98.680	2.06
2022/5/31	1.875	99.242	99.258	2.05
2022/6/30	1.750	98.586	98.602	2.07
2022/6/30	2.125	100.234	100.250	2.07
2022/7/31	1.875	99.055	99.070	2.08

到期日	票面利率 （％）	出價 （美元）	要價 （美元）	到期殖利率 （％）
2022/7/31	2.000	99.648	99.664	2.08
2022/8/15	1.625	98.031	98.047	2.06
			123.359	2.05
			97.945	2.08
2022/8/31	1.875	99.039	99.055	2.08
2022/9/30	1.750	98.398	98.414	2.10
2022/9/30	1.875	98.984	99.000	2.09
2022/10/31	1.875	98.938	98.953	2.10
2022/10/31	2.000	99.578	99.594	2.09
2022/11/15	1.625	97.758	97.773	2.10
2022/11/15	7.625	126.109	126.125	2.08
2022/11/30	2.000	99.500	99.516	2.10
2022/12/31	2.125	100.008	100.023	2.12
2023/1/31	1.750	98.109	98.125	2.13
2023/2/15	2.000	99.313	99.328	2.14
2023/2/15	7.125	124.727	124.742	2.11
2023/2/28	1.500	96.805	96.820	2.14
2023/3/31	1.500	96.719	96.734	2.15
2023/4/30	1.625	97.289	97.305	2.15
2023/5/15	1.750	97.930	97.945	2.15
2023/5/31	1.625	97.227	97.242	2.16
2023/6/30	1.375	95.844	95.859	2.16
2023/7/31	1.250	95.063	95.078	2.17
2023/8/15	2.500	101.773	101.789	2.17
2023/8/15	6.250	122.039	122.055	2.14
2023/8/31	1.375	95.656	95.672	2.18
2023/9/30	1.375	95.555	95.570	2.19
2023/10/31	1.625	96.891	96.906	2.183

到期日	票面利率 （％）	出價 （美元）	要價 （美元）	到期殖利率 （％）
2023/11/15	2.750	103.164	103.180	2.180
2023/11/30	2.125	99.672	99.688	2.181
2023/12/31	2.250	100.273	100.289	2.199
2024/2/15	2.750	103.086	103.102	2.214
2024/2/29	2.125	99.445	99.461	2.217
2024/3/31	2.125	99.359	99.375	2.231
2024/4/30	2.000	98.594	98.609	2.233
2024/5/15	2.500	101.578	101.594	2.235
2024/5/31	2.000	98.531	98.547	2.241
2024/6/30	2.000	98.484	98.500	2.245
2024/7/31	2.125	99.234	99.250	2.246
2024/8/15	2.375	100.766	100.781	2.249
2024/8/31	1.875	97.641	97.656	2.250
2024/9/30	2.125	99.125	99.141	2.261
2024/10/31	2.250	99.906	99.922	2.262
2024/11/15	2.250	99.883	99.898	2.266
2024/11/15	7.500	134.039	134.055	2.211
2025/2/15	2.000	98.094	98.109	2.285
2025/2/15	7.625	135.891	135.906	2.223
2025/5/15	2.125	98.813	98.828	2.296
2025/8/15	2.000	97.813	97.828	2.308
2025/8/15	6.875	132.742	132.758	2.238
2025/11/15	2.250	99.461	99.477	2.322
2026/2/15	1.625	94.664	94.680	2.339
2026/2/15	6.000	127.773	127.789	2.279
2026/5/15	1.625	94.422	94.438	2.352
2026/8/15	1.500	93.227	93.242	2.361
2026/8/15	6.750	135.133	135.148	2.287

到期日	票面利率 （%）	出價 （美元）	要價 （美元）	到期殖利率 （%）
2026/11/15	2.000	97.000	97.016	2.371
2026/11/15	6.500	133.844	133.859	2.306
2027/2/15	2.250	98.914	98.930	2.380
2027/2/15	6.625	135.734	135.750	2.304
2027/5/15	2.375	99.914	99.930	2.383
2027/8/15	2.250	98.781	98.797	2.389
2027/8/15	6.375	135.039	135.055	2.329
2027/11/15	2.250	98.938	98.953	2.368
2027/11/15	6.125	133.453	133.516	2.341
2028/8/15	5.500	129.391	129.453	2.375
2028/11/15	5.250	127.414	127.477	2.391
2029/2/15	5.250	127.898	127.961	2.396
2029/8/15	6.125	137.867	137.930	2.397
2030/5/15	6.250	141.188	141.250	2.405
2031/2/15	5.375	133.266	133.328	2.417
2036/2/15	4.500	128.859	128.922	2.513
2037/2/15	4.750	133.133	133.195	2.555
2037/5/15	5.000	137.047	137.109	2.567
2038/2/15	4.375	127.578	127.641	2.608
2038/5/15	4.500	129.703	129.766	2.614
2039/2/15	3.500	113.656	113.719	2.651
2039/5/15	4.250	125.922	125.984	2.655
2039/8/15	4.500	130.125	130.188	2.662
2039/11/15	4.375	128.117	128.180	2.672
2040/2/15	4.625	132.422	132.484	2.677
2040/5/15	4.375	128.313	128.375	2.686
2040/8/15	3.875	119.828	119.891	2.699
2040/11/15	4.250	126.391	126.453	2.698

到期日	票面利率 （％）	出價 （美元）	要價 （美元）	到期殖利率 （％）
2041/2/15	4.750	135.203	135.234	2.699
2041/5/15	4.375	128.828	128.859	2.706
2041/8/15	3.750	117.906	117.938	2.719
2041/11/15	3.125	106.828	106.859	2.733
2042/2/15	3.125	106.750	106.781	2.740
2042/5/15	3.000	104.523	104.555	2.743
2042/8/15	2.750	99.859	99.891	2.756
2042/11/15	2.750	99.805	99.836	2.759
2043/2/15	3.125	106.594	106.625	2.759
2043/5/15	2.875	101.930	101.961	2.767
2043/8/15	3.625	115.883	115.914	2.757
2043/11/15	3.750	118.359	118.391	2.754
2044/2/15	3.625	116.094	116.125	2.757
2044/5/15	3.375	111.414	111.445	2.763
2044/8/15	3.125	106.664	106.695	2.769
2044/11/15	3.000	104.250	104.281	2.774
2045/2/15	2.500	94.484	94.516	2.789
2045/5/15	3.000	104.195	104.227	2.779
2045/8/15	2.875	101.727	101.758	2.784
2045/11/15	3.000	104.188	104.219	2.782
2046/2/15	2.500	94.250	94.281	2.794
2046/5/15	2.500	94.180	94.211	2.796
2046/8/15	2.250	89.227	89.258	2.796
2046/11/15	2.875	101.641	101.672	2.791
2047/2/15	3.000	104.180	104.211	2.788
2047/5/15	3.000	104.180	104.211	2.790
2047/8/15	2.750	99.156	99.188	2.790
2047/11/15	2.750	99.195	99.227	2.788

短期國債				
到期日	出價 （美元）	要價 （美元）	變化	到期殖利率 （%）
2017/11/24	1.063	1.053	0.028	1.067
2017/11/30	1.065	1.055	0.027	1.07
2017/12/7	1.045	1.035	-0.013	1.05
2017/12/14	1.043	1.033	-0.008	1.048
2017/12/21	1.088	1.078	-0.015	1.093
2017/12/28	1.165	1.155	0.02	1.172
2018/1/4	1.16	1.15	0.017	1.168
2018/1/11	1.16	1.15	-0.01	1.168
2018/1/18	1.18	1.17	0.013	1.189
2018/1/25	1.198	1.188	0.018	1.207
2018/2/1	1.220	1.21	-0.002	1.23
2018/2/8	1.225	1.215	-0.007	1.235
2018/2/15	1.255	1.245	-0.005	1.266
2018/2/22	1.255	1.245	0.010	1.266
2018/3/1	1.28	1.27	-0.002	1.292
2018/3/8	1.303	1.293	-0.002	1.316
2018/3/15	1.295	1.285	-0.003	1.308
2018/3/22	1.29	1.28	-0.01	1.303
2018/3/29	1.295	1.285	0.01	1.309
2018/4/5	1.303	1.293	0.013	1.317
2018/4/12	1.313	1.303	-0.002	1.324
2018/4/19	1.3	1.29	-0.013	1.315
2018/4/26	1.315	1.305	0.000	1.331
2018/5/3	1.348	1.338	0.005	1.364
2018/5/10	1.39	1.38	0.013	1.408
2018/5/17	1.403	1.393	0.015	1.422
2018/5/24	1.418	1.408	0.023	1.437

到期日	出價 （美元）	要價 （美元）	變化	到期殖利率 （％）
2018/6/21	1.375	1.365	-0.002	1.395
2018/7/19	1.455	1.445	0.000	1.479
2018/8/16	1.485	1.475	0.013	1.512
2018/9/13	1.513	1.503	0.015	1.542
2018/10/11	1.553	1.543	0.013	1.586
2018/11/8	1.563	1.553	0.005	1.598

短期國債的買賣資料是美國東部時間下午3點代表性的場外交易報價，報價低於面額。短期國債到期收益率是以報價為基礎計算的。

中長期國債的資料是美國東部時間下午3點代表性的場外交易報價。對於到期前可贖回的中長期債券，其收益率的計算區間為發行日到最早贖回日。

資料來源：WSJ.com

短期國債（Treasury Bills）

短期國債屬於有折扣的證券，它以低於面額的價格發行，在持有期到期時升值至面額。例如，91天到期的票面價值為10,000美元的短期國債，在貼現率為2％時，其發行價格為9,949.44美元。在發行日期至到期日之間，不再向債券持有人支付額外款項。美國財政部發行了三種不同期限的短期國債：3個月、6個月及1年。3個月和6個月的短期國債每週發行一次，1年期的國債每月發行一次。次級市場的流動性很強，任何期限不超過1年的債券都能輕易以最低成本購買。

表3-4中短期債券的出價、要價都是以「貼現率」的形式報出，該「貼現率」是基於一年360天來計算。出價是政府證

券交易商願意購買證券的價格，要價是政府證券交易商願意出
售證券的價格。《華爾街日報》（*Wall Street Journal*）的出價及
要價具有一定的參考性。實際的買賣價差需要和政府證券交易
商聯絡取得，由於短期國債通常是1,000萬美元以上的大宗交
易，因此實際價差會更小。

考慮銀行貼現率後，每100美元短期國債的價格計算公式
如下：

$$P = 100 - d \times (n / 360) \tag{3.2}$$

其中：P為面額100美元的短期國債價格。

d為貼現率。

n為持有期天數。

例如，假設短期國債將於2018年2月15日到期，在2017
年11月20日距離到期日87天時，以1.245%的貼現率發行。將
這些數字代入公式（3.2）中：

$$P = 100 - 1.245 \times (87 / 360) = 99.699$$

雖然在報紙上報導時，銀行貼現率似乎就是利率，但銀行
貼現率並不代表報酬率，這只是政府證券交易商用來報價的一
種慣例。因此，政府還會同時公開報導債券的等價收益率。
如表3-4的最後一欄所示，債券的等價收益率就是到期收益
率。期限在182天及以下的短期國債等價收益率，按下列公式

計算：

債券等價收益率＝〔(100－P)/ P〕×365／n （3.3）

公式中的字母定義同上。債券等價收益率是站在證券購買者的角度計算，因此，它是根據賣價計算。利用表3-4中87天短期國債的資料，可計算得出債券等價收益率為1.266%。

銀行貼現率和債券等價收益率都不能衡量短期國債的實際年報酬率。若投資者投資某種類型的國債，並將收益再投資於相同國債，年底時投資者所能獲得的報酬率，就是真正的年報酬率。考慮獲利再投資，實際年報酬率計算時就考慮了複利。

短期國債的實際年報酬率可以由兩個步驟計算。先透過公式（3.2）求出債券的價格。其次，實際年報酬率由公式（3.4）計算：

實際年報酬率＝〔(100／P)×(365／n)〕－1 （3.4）

將公式（3.4）應用於上述價格為99.119美元的85天短期國債，計算出實際年報酬率為1.27%。可以看出，實際年報酬率最多比銀行存款高出2.5個基點，比債券等價收益率高出不到1個基點。儘管差異很小，但隨著利率的上升，該差異也會迅速增長。例如，在20世紀70年代後期，以12%的銀行貼現率發行90天債券，其貼現率與實際年報酬率之間的差異超過50個基點。在經濟模型中，當短期國債利率被視作「無風險」

利率時，由於正確考慮了複利，因此可以將實際年報酬率作為收益的一個衡量指標。

中長期國債（Treasury Notes and Bonds）

與短期國債不同，中長期國債每半年支付一次利息。這些債券以面額1,000美元為發行單位，但報價是以100美元為單位。例如，在第88頁表3-4列出的最後一種國債，2047年11月到期的票面利率為2.75%的國債，截至2017年11月20日的《華爾街日報》資料，這是最新發行的30年期美國國債。最近發行的30年期債券通常被稱為「多頭債券」或「風向球債券」，並作為長期基金市場的基準受到密切關注。如表3-4所示，該長期債券的報價為99.195美元買入價（每100份）和99.227美元賣出價。

中長期國債每半年支付的利息由票面利率決定，每次支付的利息等於票面利率乘以債券的票面價值除以2。以長期國債為例，票面利率為2.75%時，意味著政府在30年內，每半年每1,000美元要支付投資者13.75美元利息。

表3-4最右邊一欄列出的是到期殖利率（Yield to Maturity，YTM）。由於該債券每半年付息一次，因此到期殖利率是按要價的半年度內部報酬率的兩倍計算。顯然，這種計算方法沒有考慮複利。

內部報酬率（Internal Rate of Return，IRR；在所有關於投資的教材中都有詳細介紹），是指投資獲得的現金流現值等於購買價格時的折現率，可以透過Excel來快速計算。例如，已知三年持有期內分別支付投資者40美元、50美元、60美元，折現率為r，計算100美元投資的內部報酬率，可得到如下程式：

$$100 = \frac{40}{1+r} + \frac{50}{(1+r)^2} + \frac{60}{(1+r)^3} \qquad (3.5)$$

在Excel中使用函數IRR計算可得r = 21.6%。

就美國國債而言，內部報酬率是將承諾支付的利息和本金折算為債券價格的利率。再以長期債券為例，假設它的期限是30年，該債券共支付60筆13.75美元的利息和1,000美元的最終本金。目前面額為100美元的該債券要價為99.226美元，或面額為1,000美元的債券要價為992.26美元。因此，該債券的內部報酬率是將支付的59筆13.75美元的利息、以及1,013.75美元折現到99.226美元現值的折現率。在Excel中可以計算出該折現率為1.394%。由於現金流是半年支付一次，因此內部報酬率是半年度的。這個半年度利率乘以2，四捨五入到小數點後三位，就得出該債券的年到期殖利率，本例中計算出年到期殖利率的值是2.788%。債券交易員通常以到期殖利率來當債券報價。因為許多投資者更在意的是，他們購買債券能獲得

多少報酬率，而不是在意每100美元債券的價格。

綜上所述，到期殖利率的計算忽略了複利。要計算債券實際年報酬率，必須考慮複利。

上例中，1.394%的內部報酬率是實際報酬率，但它是半年期的報酬率而不是全年的。根據下列公式可以計算出年報酬率為：

年報酬率＝（１＋半年期內部報酬率）² －１

將1.394%代入該公式，可計算出實際年報酬率為2.808%，比到期殖利率高兩個基點。

上述公式適用於高評級公司債券和國債。高評級表示其違約的風險可以忽略不計。與美國國債一樣，高評級公司債券通常每半年支付一次利息，其到期殖利率也是以同樣方式計算。

利率與通貨膨脹

我們討論利率和通貨膨脹之間的關係時，把重點放在國債和高評級債券。這類債券不存在違約風險，因此其價格不會受到信用風險的影響，若納入信用風險，價格的計算會更加複雜。我們將在後續章節討論信用風險的影響。

由於支付的現金流在發行時就已確定，因此，投資者從債券中獲得的實際報酬率取決於持有債券期間的通貨膨脹率。以

2%貼現率折價發行的一年期短期國債為例，用公式（3.1）和公式（3.3）可計算出其年報酬率為2.070%，若通貨膨脹率為1.75%，則實際年報酬率為0.314%。

由於實際收益決定了投資者可消費的財富，投資者在購買國債時應考慮預期通貨膨脹率。如果預期通貨膨脹率為10%，那麼購買報酬率為2.5%的債券就沒有任何意義了。因此，固定收益證券報酬率反應了預期通貨膨脹率。不幸的是，預期通貨膨脹率與預期報酬率一樣，不能直接衡量，但它可能與近期的通貨膨脹率相關。因此，在高通貨膨脹環境中利率較高，在低通貨膨脹環境中利率較低，事實也證明確實如此。

以表3-5為例。黑實線顯示的是問題年度的通貨膨脹率，虛線表示1960～2017年短期國債的利率。注意觀察利率與通貨膨脹率的變動。當通貨膨脹率上升時，投資者對通貨膨脹的預期隨之上升，利率也隨之上升。雖然通貨膨脹不是影響利率的唯一因素，但研究顯示它是最重要的因素。表3-5應證了這個觀點，高通貨膨脹時利率高，低通貨膨脹時利率低。

與公式（3.1）同理，利率與預期通貨膨脹之間的關係如下：

名目利率＝（1＋實際利率）×（1＋預期通貨膨脹率）－1

當利率和通貨膨脹率低於10%時（在美國有人經歷過這種情況），公式可化簡為：

表3-5　1960～2017 年通貨膨脹和短期國債利率

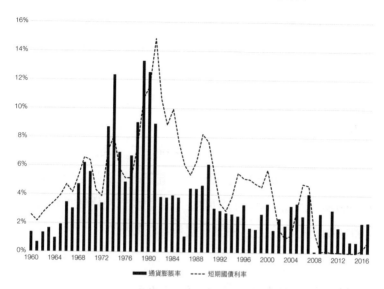

$$名目利率＝實際利率＋預期通貨膨脹率 \qquad （3.6）$$

　　公式（3.6）說明了名目利率的大部分變化（金融媒體通常忽略「名目利率」一詞，只說利率）源自通貨膨脹的變化。實際利率由基本經濟發展決定，並在一個相對較小的區間內波動。通貨膨脹率是由政府政策決定，這些政策總是在變動。通貨膨脹率變化，預期通貨膨脹率也會變化，從公式（3.6）可以看出，名目利率也會變化。同時，根據公式（3.6）能解釋表3-5的情況。這也是一個警告，如果通膨率從2%開始上升，名目利率也會隨之上升。

　　上述觀點並不僅限於美國國債。決定金融市場均衡的力量，是與實際報酬率相關的實際力量。當通膨上升時，投資者只有在預期名目報酬率上升相當多的情況下才會購買證券，以此保證預期實際報酬率保持不變。

　　上述觀點指出了金融媒體經常犯的一個錯誤，他們通常會去比較長期的名目報酬率。但是，有鑑於表3-5記錄的通貨膨脹率變化，名目報酬率不會一直保持不變。通膨較高的時期，所有資產的名目報酬率應該較高。這在通貨膨脹率變化劇烈時尤為明顯。因此，除非特別標注，否則我們在比較投資時，通常會說明使用的是名目報酬率還是實際報酬率。

債券到期殖利率和債券持有期報酬率

　　暫且不考慮通貨膨脹，先來看一下債券到期殖利率和債券持有期報酬率之間的差異。我們在第一章反覆強調了報酬的重要性，但還未在債券中提及持有期報酬率。持有期報酬率是：在持有債券的期間，利息收入與買賣價差占買入價格的比率。債券的利息都是按時支付，因而持有期報酬率對債券報酬率影響顯著。透過舉例可以更理解這一點。

　　假設投資人以100美元購買名目利率3%、面額100美元的10年期國債。若債券以到期日價值出售，則稱為「平價交易」。購買債券的投資者每投資100美元，就可以得到20筆

1.5美元的半年度利息和到期日100美元的本金。類似於公式
（3.5），可以計算出該債券的到期殖利率。透過債券價格、票
面利率計算的到期殖利率見公式（3.7）：

$$P = C_1 / (1 + YTM / 2) + C_2 / (1 + YTM / 2)^2 + \cdots + \qquad (3.7)$$
$$C^n / (1 + YTM / 2)^n + Prin / (1 + YTM / 2)^n$$

公式（3.7）中，P為債券價格，Cs是每半年支付的利息，
Prin是到期日支付的本金，n為債券到期日（以半年為單位），
YTM是年到期殖利率。利息和本金在債券發行時由債券合約
確定，因此公式（3.7）中只有兩個未知數：債券價格和到期
殖利率。這個公式看似複雜，使用Excel可以很快計算出結
果。將上例中20筆1.50美元利息、100美元本金和到期殖利率
3%時的債券價格代入公式（3.7）正好吻合。這不是巧合。一
般來說，當債券以票面價格出售時，到期殖利率等於票面利
率。

從價格出發，可以計算出債券到期殖利率，但通常債券市
場不是這樣運作。實際上，報酬率水準是由宏觀經濟、央行貨
幣政策，尤其是通膨率等一連串因素決定的。債券價格會反應
這些因素，使其報酬率達到市場均衡水準。

繼續使用上例，假設某一投資者在購買債券5年後，利率
上升，此時距離債券到期還有5年。此時以面額發售的新債
券票面利率為5%。已發行債券為保持競爭力，必須保證5%

的到期殖利率，這如何才能實現？可以以更低的價格出售債券，保持票面利息不變，當債券價格下跌時，到期殖利率就上升。對於票面利率為3%、報酬率為5%的五年期債券，其價格為91.25美元。按照這個價格，投資者在未來5年，每年將獲得5%的報酬率。這樣算來，當年以票面價格購買債券的投資者，前5年的年報酬率為3%，後5年的年報酬率為5%，這似乎聽上去很美。事實上，投資者前5年的報酬率並非為3%，因需要承擔資本損失。由於100美元的投資現在只值91.25美元，考慮到資本損失，前5年的報酬率實際上只有1.3%。（該報酬率是6個月內部報酬率的兩倍，符合到期報酬率慣例。）結果是，這張債券在整個10年的總報酬率仍為3%。

　　表3-6所示為1960～2017年期間的短期國債、20年期國債的名目報酬率和實際報酬率。可以看到，短期國債的名目報酬率始終為正。因為在一個月內到期，不會出現資本損失。20年期國債的年報酬率變化較明顯。因為過了一年，20年期的債券仍有19年才到期。它的價格以及投資人的收益，取決於過去一年裡19年期債券報酬率的變化。若市場利率大幅上升，債券價格就必須像表列計算那樣下跌。若價格跌幅足夠大，則年報酬率為負。然而，從長期來看，新債券的票面利率會根據新的、更高的利率進行調整。因此，20年期國債的實際和名目的平均報酬率都高於短期國債，因為它們反應出長期債券價格波動所帶來的風險。

表3-6　美國國債的名目報酬率和實際報酬率（1960～2017年）

年	短期國債 名目報酬率	長期國債 名目報酬率	短期國債 實際報酬率	長期國債 實際報酬率
1960	2.58%	13.32%	1.21%	10.47%
1961	2.16%	0.19%	1.48%	-1.93%
1962	2.72%	7.80%	1.37%	4.94%
1963	3.15%	-0.79%	1.48%	-3.82%
1964	3.52%	4.11%	2.52%	0.58%
1965	3.96%	-0.27%	2.00%	-4.07%
1966	4.71%	3.96%	1.20%	-0.71%
1967	4.15%	-6.02%	1.08%	-9.76%
1968	5.29%	-1.20%	0.55%	-6.16%
1969	6.59%	-6.52%	0.37%	-12.30%
1970	6.38%	12.69%	0.77%	5.93%
1971	4.32%	16.70%	1.02%	11.87%
1972	3.89%	5.15%	0.47%	1.21%
1973	7.06%	-2.49%	-1.52%	-8.92%
1974	8.08%	3.89%	-3.79%	-3.87%
1975	5.82%	6.10%	-1.04%	0.26%
1976	5.16%	18.18%	0.28%	12.39%
1977	5.15%	0.90%	-1.45%	-4.04%
1978	7.31%	-2.93%	-1.57%	-9.54%
1979	10.69%	-1.52%	-2.30%	-11.03%
1980	11.52%	-3.52%	-0.88%	-13.49%
1981	14.86%	1.16%	5.45%	-11.92%
1982	10.66%	39.74%	6.58%	26.28%
1983	8.85%	1.28%	4.87%	-6.95%
1984	9.96%	15.81%	5.78%	5.32%
1985	7.68%	31.96%	3.74%	22.56%
1986	6.06%	25.79%	4.91%	18.60%

年	短期國債 名目報酬率	長期國債 名目報酬率	短期國債 實際報酬率	長期國債 實際報酬率
1987	5.38%	-2.91%	0.91%	-7.87%
1988	6.32%	8.71%	1.82%	2.24%
1989	8.22%	19.23%	3.41%	10.18%
1990	7.68%	6.15%	1.48%	-1.43%
1991	5.51%	18.59%	2.37%	12.40%
1992	3.40%	7.95%	0.49%	4.40%
1993	2.90%	16.91%	0.15%	13.62%
1994	3.88%	-7.19%	1.17%	-10.66%
1995	5.53%	30.38%	2.92%	23.54%
1996	5.14%	-0.35%	1.76%	-5.22%
1997	5.08%	15.46%	3.32%	9.88%
1998	4.78%	13.05%	3.12%	7.89%
1999	4.56%	-8.66%	1.83%	-12.64%
2000	5.76%	20.95%	2.29%	14.37%
2001	3.78%	4.09%	2.19%	0.30%
2002	1.63%	17.22%	-0.73%	15.33%
2003	1.02%	2.45%	-0.85%	1.42%
2004	1.20%	8.28%	-1.99%	7.00%
2005	2.96%	7.66%	-0.44%	4.56%
2006	4.79%	1.14%	2.19%	-3.48%
2007	4.67%	9.74%	0.57%	4.83%
2008	1.47%	25.60%	1.38%	23.78%
2009	0.10%	-13.99%	-2.56%	-14.07%
2010	0.12%	9.77%	-1.35%	9.64%
2011	0.04%	26.99%	-2.84%	26.94%
2012	0.06%	3.88%	-1.66%	3.82%
2013	0.03%	-12.23%	-1.45%	-12.26%
2014	0.02%	24.62%	-0.73%	24.59%

年	短期國債名目報酬率	長期國債名目報酬率	短期國債實際報酬率	長期國債實際報酬率
2015	0.01%	-0.67%	-0.72%	-0.68%
2016	0.19%	1.38%	-1.85%	1.19%
2017	0.79%	6.36%	-1.32%	4.25%
所有年份均值	4.71%	7.68%	0.89%	2.90%
1960-2007 年均值	5.55%	7.76%	1.30%	2.14%
2008-2017 年均值	0.28%	7.17%	-1.31%	6.72%

抗通膨債券

除了名目債券，美國財政部還出售抗通膨債券。這類證券除了支付固定的實際利率，還提供對通貨膨脹率變動的補償。因此，投資者透過抗通膨債券獲得的實際利率是已知的，但名目利率是未知的，因為它取決於通貨膨脹率的變動。

由於10年期國債交易相對活躍，此處將10年期抗通膨債券報酬率與10年期美國名目國債報酬率進行比較。美國國債可以衡量債券市場對未來10年通膨的預期。例如，第105頁表3-7繪製了2004～2017年10年期抗通膨債券和10年期債券的名目報酬率。

首先，顯然2012年和2013年的抗通膨債券報酬率（10年期實際利率）為負值。購買這些債券並持有至到期日的投資者，肯定會經歷購買力下降的過程。但這不代表名目報酬率為負，因為投資者根據通膨率獲得額外的報酬。然而，令人驚訝

的是，投資者願意接受負實際利率。

　　其次，在這段時期的大部分時間裡，名目報酬率和抗通膨債券報酬率之間的差距約為2%——開始時多一點，結束時少一點。這代表投資者在觀察到此差距後，對未來通貨膨脹率的預期在2%左右。這種預期與大多數主要的經濟預測公司的預測結果一致，也與美國聯準會的通膨目標一致。唯一例外的是2009年金融危機時期，當時預期通膨率最低降至零。這顯示投資者擔心經濟會長期衰退，從而消除了通貨膨脹。當擔憂減弱時，通膨預期又回到接近2%的水準。最後，該圖清楚地呈現出名目利率是如何追蹤預期通膨，而且大部分的名目利率變化是隨著預期通膨而變化。從表3-7可以清晰看出兩條線之間的差距，即衡量預期通貨膨脹率小於兩條線個別上下波動的幅度。

　　回顧表3-6，可以看出在金融危機後，預期通膨率約為2%，短期國債的預期實際報酬率為負。這種短期金融工具實際利率預期為負的情況，大多是由於包括美國聯準會在內的世界各國央行採取了激進的金融政策所造成。根據歷史資料來看，這是反常的情況。例如，表3-6顯示，在金融危機爆發前，1960～2007年期間短期國庫券的平均實際報酬率為1.3%，而在金融危機之後的2008～2017年，平均實際報酬率為－1.31%。

　　超低的實際報酬率會產生兩個需要注意的問題。第一，它

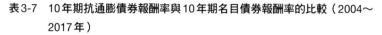

表3-7　10年期抗通膨債券報酬率與10年期名目債券報酬率的比較（2004～2017年）

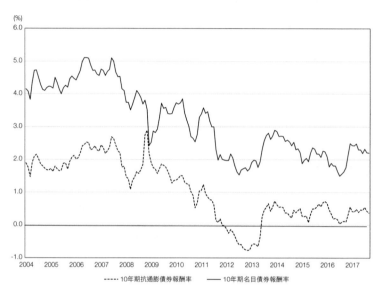

們讓儲蓄者的生活變得困難。例如，當固定收益證券的實際報酬率為負時，靠退休儲蓄生活的人，日子將變得更為困難。這導致許多儲戶透過購買風險較大的證券來「追求收益」。由於經濟自危機結束以來一直保持穩定，因此這一現象並不嚴重，但若再爆發一次金融危機，對儲蓄者來說將會是一場災難。其次，低利率的最大受益者是世界上最大的債務方——美國政府。但也有潛在風險。如果利率進一步恢復到正常水準，政府將更難以支付其龐大且不斷增長的債務利息。

　　回顧表3-6的長期國債，似乎和有關低利率的部分說法矛

盾，因為在經濟危機後的幾年中，長期國債的平均實際報酬率為6.72%，遠高於長期平均水準的2.14%。此現象主要是由長期債券的價格變化所導致。隨著利率下降，長期債券價格上漲，價格的上漲帶來了較高的年報酬率。但這只是偶發事件，一旦債券價格調整，未來報酬率將與當前名目報酬率保持一致，例如20年期國債的名目報酬率約為2.5%。

公司債券和信用風險

發行機構對所有承諾支付的固定收益證券，都會有定期支付的假設，套用在美國國債的例子上是合理的，因為美國政府可以透過增稅和印鈔來償付債券。對於像蘋果公司這樣成功的公司來說也是合理的，因為它的營業利潤遠遠超過了債務利息。然而，對許多規模較小、財務壓力更大的公司來說，這個假設就不合理。對於這類公司發行的債券，有必要區分公司承諾支付的款項和投資者實際期望收到的款項。此時就產生了承諾報酬率和預期報酬率之間的差異。對考慮持有風險更高的公司債券的投資者來說，理解這一差異至關重要。

與美國國債一樣，大多數公司債券也有四個參數：票面值（par value）、票面利率（coupon rate）、到期日和價格。前三個參數由發行公司設定，並在債券合約中說明。最後一個參數由市場決定。價格不斷變動，直到債券報酬率與市場上其他風

險相當的債券報酬率相同。

實際上，所有公司的債券都遵循以下幾個標準慣例。第一，到期要償還的票面值是1,000美元。第二，利息每半年支付一次。對於國債，支付的利息等於票面利率乘以票面值除以2。第三，價格是以面額100美元債券為單位計算。最後，交易商通常以到期殖利率來報價。

承諾報酬率與預期報酬率

目前為止，我們一直在計算的到期殖利率即承諾報酬率，是指投資人在債券期限內，按承諾收到所有款項所能獲得的收益。但是，當我們擴大範圍，考慮那些可能不履行承諾的借款人時，承諾的報酬率和投資者實際期望的報酬率之間就出現了差距。這個差距反應了發行人的信用風險，發行人兌現承諾的可能性越小，差距就越大。

如果一個公司發現自己無法兌現到期的承諾，通常的解決辦法是自願或在正式破產情況下重組公司債務。在重組過程中，債券持有人通常不得不接受低於承諾支付的款項。有鑑於投資者認知到具有信用風險的借款人可能要進行債務重組，他們將根據重組的機率對預期報酬、以及重組後可以收回的金額進行估算。此時，預期報酬率將低於承諾報酬率，因為投資者將考慮利息和本金可能延遲支付或不被支付的可能性。

　　承諾報酬率和預期報酬率都是事前指標，也就是說，它們是在債券到期或違約之前計算的。在債券到期或重組前，投資者在投資過程中獲得的實際收益無法計算，即便所有的現金支付都是已知的。此時，內部報酬率可以視為實際報酬率，該內部報酬率可將收到的現金流按照債券的購買價格進行折現。以這種方式計算的實際報酬率不一定等於承諾報酬率或預期報酬率。例如，債券的承諾報酬率可能是8%，預期報酬率是5%，但由於違約，實際報酬率可能只有1%。

　　有信用風險的債券可以看作是無信用風險債券與股票的混合體。與無信用風險債券一樣，有信用風險債券的現金支付受債券合約約定的固定支付限制，這些現金支付不會超過持有期的息票和本金。然而，與股票一樣，帶有信用風險的債券實際報酬率取決於公司的業績表現。若公司經營良好，所有款項都如期履約，投資者就會獲得意外之喜。但若公司經營不佳，需要進行債務重組，投資者通常會獲得比預期報酬更低的收益。

　　由於信用風險評估對債券投資者十分重要，因此提供債券評級的企業應運而生。債券評級公司收集發行人的詳細財務資料，並對這些資料進行分析，以便將債券分為不同級別。兩家著名的債券評級公司是標準普爾和穆迪（Moody's）。標準普爾使用的評級分類為：AAA、AA、A、BBB、BB、B、CCC、CC、C、D。穆迪使用的評級分類是相同數量的層級，但表示方法略有不同，分別為：Aaa、Aa、A、Baa、Ba、B、

Caa、Ca、C、D。

按照慣例，評級為BBB（或Baa）及其以上的債券被視為可投資級別。這個界限很重要，因為有相關規定要求一些機構債券持有人只能持有此評級以上的債券。由於存在重組風險，評級為BB或其以下的債券通常被稱為「垃圾債券」。從事債券交易的投資公司不喜歡這個名字，它們更喜歡被貼上「高收益債券」的標籤，因為這些債券的承諾報酬率很高。然而，這兩個名字含義相同。為了避免混淆，在本書的其餘部分，我們通常用「低評級」來指代評級低於BBB的債券。

與預期相同，若評級機構認為重組機率高，則債券評級下降，承諾報酬率上升。表3-8整理了截至2017年12月1日不同債券評級的承諾報酬率，能夠證明這種關係。表中資料來自美林證券，參考標準普爾的評級。正如預期，隨著公司評級從AAA到BBB到B再到CCC，其承諾報酬率從2.94%升至

表3-8　美林美國公司債券

評級	承諾報酬率（％）
AAA	2.94
AA	2.74
A	3.02
BBB	3.58
BB	4.29
B	5.83
CCC級或以下	10.76

3.58%，再到5.83%，最後到10.76%。需要重申的是，實際獲得報酬率與10年期國債報酬率的差額，將低於承諾報酬率與10年期國債報酬率的差額。CCC級承諾報酬率遠高於AAA級債券，因為市場認為，此類低評級債券重組的可能性很大。

　　表3-8顯示了不同評級債券在某時間點的承諾報酬率，隨著時間的推移，高等級債券和低等級債券的報酬率差額並非一成不變。表3-9整理出10年期美國國債與美林證券多種低評級債券指數的報酬率差額。該指數包括評級從BB到CCC的債券，讓我們能更清楚注意到報酬率差額有多大。在金融危機最嚴重時，該差額超過20%。這意味著低評級債券發行人必須承諾支付將近25%的報酬率！顯然，投資者並沒有期望獲得25%的報酬。之所以要求如此高的承諾報酬率，是因為他們覺得違約的可能性很大。到2017年，這一差額已經跌至4%以下。如此低的報酬率差額表示，2017年是投資者認為違約機率較低的年度。

　　雖然承諾報酬率及差額是可以直接觀察到，但預期報酬率和預期報酬率差額則是無法觀察的。投資者對某一特定債券的預期報酬率取決於他們對重組機率的評估，什麼時候會重組以及他們能夠從重組中獲得什麼，都是不可預測的。然而，我們可以透過歷史資料，估算市場與美國國債的預期報酬率差額。如果達到投資者的預期，那麼歷史平均報酬率差額將接近預期報酬率差額。以美林低評級債券指數為例，過去10年的平均

表3-9 2007～2017年低評級債券與10年期美國國債的報酬率差距

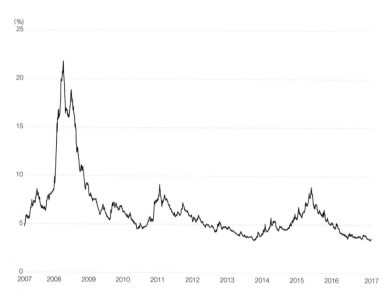

報酬率一直比美國國債平均報酬率高出3%左右,而美國國債的平均承諾報酬率差額超過5%。這意味著重組造成的損失平均每年約為2%。

　　表3-10的資料由金融學教授愛德華・阿爾特曼(Edward I. Altman)收集,是關於承諾報酬率與實際報酬率的差額。雖然這些資料來源較早,但它們仍然有助於我們理解這些概念。資料顯示,承諾報酬率差額與最近幾年觀察到的情況類似,變化很大。由於資本利得和損失的影響,報酬率資料更加多變。從表中可以看出,承諾平均報酬率差額為4.55%,而實際平均報

表3-10　阿爾特曼的承諾報酬率與實際報酬率差額資料（1978～1999年）

年	承諾報酬率			實際報酬率		
	低評級債券報酬率	10年期國債報酬率	報酬率差額	低評級債券報酬率	10年期國債報酬率	報酬率差額
1978	10.92	8.11	2.81	7.57	(1.11)	8.68
1979	12.07	9.13	2.94	3.69	(0.86)	4.55
1980	13.46	10.23	3.23	(1.00)	(2.96)	1.96
1981	15.97	12.08	3.89	7.56	0.48	7.08
1982	17.84	13.86	3.98	32.45	42.08	(9.63)
1983	15.74	10.7	5.04	21.8	2.23	19.57
1984	14.97	11.87	3.1	8.5	14.82	(6.32)
1985	13.5	8.99	4.51	26.08	31.54	(5.46)
1986	12.67	7.21	5.46	16.5	24.08	(7.58)
1987	13.89	8.83	5.06	4.57	(2.67)	7.24
1988	13.7	9.15	4.55	15.25	6.34	8.91
1989	15.17	7.93	7.24	1.98	16.72	(14.74)
1990	18.57	8.07	10.5	(8.46)	6.88	(15.34)
1991	12.56	6.7	5.86	43.23	17.18	26.05
1992	10.44	6.69	3.75	18.29	6.50	11.79
1993	9.08	5.8	3.28	18.33	12.08	6.25
1994	11.5	7.83	3.67	(2.55)	(8.29)	5.74
1995	9.76	5.58	4.18	22.4	23.58	(1.18)
1996	9.58	6.42	3.16	11.24	0.04	11.20
1997	9.2	5.75	3.45	14.27	11.16	3.11
1998	10.04	4.65	5.39	4.04	12.77	(8.73)
1999	11.41	6.44	4.97	1.73	(8.41)	10.14
均值	12.82	8.27	4.55	12.16	9.28	2.88

酬率差額僅為2.88%，數字與美林指數報告的數字接近。雖然低評級債券承諾支付的利率比10年期美國國債報酬率高出將近5個百分點左右，但由於債務重組，投資者最終獲得的收益僅比美國國債報酬率高出約近3個百分點左右。

　　總體而言，資料顯示，約3個百分點的風險溢價（將在第四章說明）足以補償投資者持有低評級債券的風險。承諾報酬率就是考慮違約的可能性後，投資者預期的平均報酬率將比10年期美國國債高出3個百分點。

在債券投資中分散投資的作用

　　持有期相同的高評級債券基本上是一樣的。因為他們支付的現金流是預先固定的，唯一導致價格變動的因素是利率水準的變化。利率變化時，債券價格會進行調整，使債券報酬率保持與市場利率水準相等，正如在上文例子提及的。所有高評級債券都會以同樣方式進行調整，分散投資能降低的風險微乎其微。

　　但低評級債券的情況不同。低評級債券的收益不僅取決於利率變動，還取決於發行人的財務狀況。一家公司可能會陷入困境，需要重組，而另一家公司表現良好，並按照承諾支付了所有款項。如果投資者持有低評級債券的多元化投資組合，一些債券的不良績效往往會被其他債券的良好表現抵消。正如我

們將在下一章提及的，這樣降低了持有低評級債券的風險。

低評級債券投資的高收益

被稱為「垃圾債券之王」的麥可‧米爾肯（Michael Milken）曾解釋他投資低評級債券的理由：「假設你是一位專業的投資人，能夠識別出定價過低的證券。當你持有一檔可能被低估的股票，只有在市場知道它的定價錯誤並糾正時，你才會獲得龐大的收益。只要股價一直被低估，你就不會獲得高報酬。僅僅個人正確是不夠的，市場必須意識到你是對的。然而，對於低評級債券的投資，情況卻有不同。定價過低代表市場需要提供更高的承諾收益，市場高估了其破產的可能性。而在你看來，該公司不太可能發生破產重組，就購買了債券。若你是對的，公司沒有破產，你得到了承諾的現金流，而不是較低、市場預期的現金流。更重要的是，不管市場是否認同你，你都能得到更高的報酬。」

基本概念3

　　投資的最終目的是為未來的消費提供資金。因此，投資績效（報酬）應以實際價值衡量，而不是名目價值。美元並不是一個很好的價值衡量標準，因為在美國歷史的大部分時間裡，它一直在貶值。

　　老練的投資者意識到美元正在縮水，所以證券定價是為了維持預期的實際報酬水準。這一點在已預先確定承諾報酬率的固定收益證券中，尤為明顯。這些證券承諾報酬率隨預期通貨膨脹的變動而上下波動，以保持預期實際報酬率的相對穩定。固定收益證券的實際報酬率，取決於投資期間的通貨膨脹率與投資初期的預期通貨膨脹率之差額。

風險與報酬

　　絕大部分投資者會說，風險和報酬之間存在權衡關係——要獲得更高的報酬，就必須承擔更多風險。這個觀點並不完全正確。事實上，在對「風險」和「報酬」下定義前，這種說法空洞無物，甚至有可能誤導投資者。

　　理由有三個。第一，高風險未必伴隨高報酬。倘若必然伴隨高報酬，投資者實際上並沒有承擔高風險，因為他們最終一定會獲得高報酬。相反，承擔高風險意味著更可能遭受巨額損失。第二，並非所有風險都是平等的。若投資者在超級盃押1萬美元，顯然他和他的對手都存在高風險，但不是雙方都能獲得最終勝利。有人勝利，就一定有人失敗。第三，正如我們接下來將詳細講述的，一些風險可以透過分散投資來消除，而另一些風險則不能。那麼兩者的風險溢價應該相同嗎？

　　研究資產定價理論的學者們意識到這些問題。他們的答案是：該理論只有在涉及預期風險和預期報酬時才有意義。但同時還存在另一個問題，是誰的預期風險和報酬？諾貝爾經濟學得主默頓・米勒（Merton Miller），講述一則他在諾貝爾頒獎典禮上的經典故事：

　　　我仍記得，當金融經濟學家哈利・馬可維茲（Harry Markowitz）、威廉・夏普以及我本人，承認我們研究的基本單位「期望報酬率」實際上不可預測時，不得不忍受斯德哥爾摩物理學家和化學家的嘲笑。我試圖以微中子為例

來反駁他們——微中子是一種沒有質量的粒子，被定義為其他粒子相互作用時的殘餘物。但那是八年前的事了。現在，微中子已經被探測到了。

不幸的是，與微中子不同，預期報酬率還不能預測。為了更理解風險與報酬的權衡關係，我們必須以第一章為基礎，更進一步了解預期報酬率的定義。接下來將探討為什麼承擔更高的風險應該獲得更高的報酬。

風險趨避和風險溢價

先來看一個例子：假設你在高速公路的一個匝道上停車，給一個留著鬍子、舉著「無家可歸」牌子的男人10張100美元的鈔票。同樣，你也給比爾・蓋茲1,000美元。你認為這1,000美元對誰的作用更大？從經濟學家的角度來看，答案是無家可歸的男子。財富邊際效用遞減是一個基礎經濟學原理，聽上去這是一個專業術語，但它的核心思想很簡單：當你擁有的財富越多，每增加1美元財富給你帶來的幸福感越少。

經濟學家以效用函數呈現出這個概念。效用函數用來衡量人們從每1美元的額外可消費財富中獲得的額外幸福。它不是特定的數值函數，但它有兩個關鍵屬性。一是效用（或幸福感）隨著可消費財富的增加而增加。這意味著，即使你擁有一

輩子都花不完的錢，仍然能透過建立一個旨在讓世界變更美好的慈善基金中得到快樂（就像比爾·蓋茲正在做的）。二是隨著可消費財富的增加，每增加1美元可消費財富帶來的效用會下降。（讀者可先了解簡單的微積分定義，效用函數的一階導數為正，二階導數即為負）

表4-1是一個效用函數，我們來看看函數的形狀。曲線一直在上升，但上升的速度卻在不斷下降。效用函數的屬性能夠幫助讀者更理解「風險趨避」這一概念，以及為什麼投資者需要額外的預期報酬來補償要承擔的額外風險。

表4-1　典型效用函數

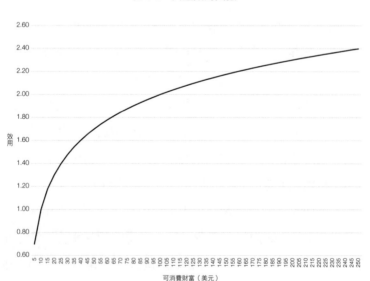

可消費財富（美元）

根據此定義，假設在擲硬幣的押注下注5萬美元，你敢嗎？上述效用理論告訴我們，不要下注。因為效用曲線的斜率在不斷下降，輸掉5萬美元的效用損失，大於贏得5萬美元的效用收益。若要下注，就必須給押注者一筆風險溢價。例如，硬幣正面向上可獲得7.5萬美元，反面向上則輸5萬美元，此時押注者可以下注。讓投資者從拒絕到接受押注的溢價大小，是衡量其風險趨避程度的指標。每個投資者的風險趨避程度不同，同一投資者在不同人生階段的風險偏好也會不同。儘管如此，若大多數投資者都表現出一定程度的風險趨避，那麼證券收益也會包含風險溢價。

針對這一觀點，存在一個典型的反例——拉斯維加斯。人們在拉斯維加斯賭場下注時，預期結果為負，即風險溢價為負，這顯然與上文闡述的理論相矛盾。經濟學家對此現象的解釋是，賭博是一種娛樂形式，人們願意為娛樂付費，預期損失是娛樂成本。然而，人們願意為娛樂所付的費用是有限的。經濟學家認為，當涉及到退休基金或為房屋投保等重大財務決策時，幾乎所有投資者都是厭惡風險的。

但風險趨避是否會影響金融市場？證券價格是否扣減了風險溢價？是否能更簡單快速地驗證以下假設：投資者只有以高預期報酬率的方式獲得風險溢價時，才會購買風險資產嗎？答案是肯定的，這一假設可以透過以下的長期歷史表現來做檢驗：比較具有不同風險的不同資產類別。雖然我們還不知道如

何衡量風險，但可以肯定，目前股市的風險高於長期國債，而長期國債的風險又高於短期國債。若市場中的投資者表現出厭惡風險，那麼股票的預期報酬應超過長期國債的預期報酬，長期國債的預期報酬應超過短期國債的預期報酬。

不幸的是，正如上文指出，無論是市場的或個人的預期報酬，都無法直接觀測到。但是，如果股票的預期報酬大於長短期國債的預期報酬，那麼從長期來看，股票的平均收益也大於長短期國債的平均收益。

表4-2是在第三章中首次提到的，它檢驗了對風險規避的假設，即風險趨避假說。表4-2為CRSP繪製的1926～2017年間CRSP指數、20年期美國長期國債和30天短期國債，經通貨膨脹調整後的真實投資終值。注意，投資終值是使用實際報酬來計算的，因為可消費財富必須透過實際數量的美元來呈現。

結論很有趣，經通貨膨脹調整後，1926年投資於股票的1美元，2017年增長到406.54美元，投資於長期國債的1美元增值到10.34美元，而短期國債僅為1.5美元。圖中刻度是以對數形式表現。若不這樣表示，大多時候很難區分長期和短期國債的投資終值，因為它們均遠低於股票投資終值的升值速度。與之類似，表4-3顯示這段期間內股票、長期國債和短期國債的算術、幾何平均報酬率。股票的幾何平均實際報酬率是長期國債的兩倍多，是短期國債的八倍多。這是最有力的證據，顯示在過去一個世紀裡，投資股票獲得的風險溢價遠遠大於短期國

表 4-2　CRSP 股票指數、長期國債和短期國債的實際投資終值（1926～2017年）

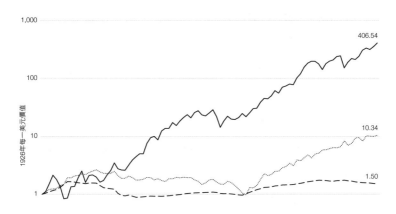

表 4-3　1926～2017年的平均報酬率和波動

	算術平均 報酬率	幾何平均 報酬率	波動
名目			
CRSP市場指數	11.69%	9.83%	18.82%
20年長期國債	5.97%	5.54%	9.82%
30天短期國債	3.39%	3.34%	3.14%
股票相對於長期國債的風險溢價	5.72%	4.30%	21.66%
實際			
CRSP市場指數	8.60%	6.75%	19.42%
20年長期國債	3.12%	2.57%	10.84%
30天短期國債	0.51%	0.44%	3.78%

債，長期國債的風險溢價相對較小，但仍相當可觀。除非投資者厭惡風險，否則這些溢價將不復存在，因為風險中立的投資者會持續購入股票，避開國債，直到三種投資的預期報酬率相同。在20世紀，這種情況並沒有發生過。

雖然上述結果令人印象深刻，但仍未回答這個問題：預期報酬和預期風險是什麼意思？為了彌補這一空白，我們從較簡單的預期報酬概念開始說明。假設今日投資100美元，明年有三種可能的結果：0.25的機率獲得80美元，0.5的機率獲得105美元，0.25的機率獲得140美元。預期支出是所有可能結果的機率加權平均數。此例中為：

$$預期支出 = 0.25 \times 80 + 0.5 \times 105 + 0.25 \times 140 = 107.5 \quad (4.1)$$

預期報酬為如下：

$$預期報酬率 = (107.5 - 100) / 100 = 7.50\%$$

已知可能的結果和相應出現的機率，計算期望報酬就很簡單。不幸的是，現實中我們無法取得這兩者的訊息。更糟的是，不同投資者對可能出現的結果和機率的看法不同。最後，「市場」的預期報酬是所有投資者預期報酬的加權平均數，每個投資者預期報酬的權重占比是由其投資金額在市場中的權重決定。後文中我們使用的「預期報酬」皆代表市場預期報酬，這是金融界的標準用法。1990年，米勒教授在諾貝爾頒獎典

禮上提到的正是市場預期報酬。正如米勒觀察到的，問題在於沒有個人投資者的預期報酬資料，更不用說對這些資料進行加權，然後對市場預期報酬進行計算。當「預期報酬」一詞出現在金融類文章時，它基本上是指市場預期報酬。

那麼它是如何實際應用的呢？蘋果公司股票的市場預期報酬有什麼含義？其含義是：市場以某種方式考慮蘋果公司未來可能的情況。例如，新款 iPhone 是否成功，蘋果公司的服務是否會迅速增長，蘋果公司是否會生產汽車，蘋果公司是否會生產獨立的娛樂產品。市場必須估算所有不定的現金流，不僅局限於例子中的某個時間點，還要擴大到未來的每一年。

金融經濟學家用來處理這種情況的概念架構被稱為「世界狀態」。自然確定了世界的狀態，進而產生了該狀態下的所有偶然事件。當然，有無數可能的狀態存在。例如，在考慮蘋果公司的意外情況時，就要包括公司所有可能存在的所有狀況。但是如果可以描述所有的狀態，且為每個狀態分配相應的機率，就可以直接計算預期報酬。不幸的是，這只是一個假設。狀態的數量龐大，且沒有已知的方法來估算每種狀態的機率，因此這個模型只是一個理想公式，不具有實際價值。

相反，實際解決方案是，假設市場以某種方式將所有狀態的複雜性簡化為一連串年度預期現金流。即對未來的每一年，市場都會做一個類似於公式（4.1）的計算。透過一連串預期未來現金流以及對風險的估計（後文中將提到），市場決定了

蘋果公司的當前股價，這樣購買蘋果公司股票的投資者可以獲得按比例分享現金流的權力，獲得的報酬率足以彌補持有蘋果公司股票的風險。

不可否認，這個架構非常抽象、模糊且不可測試，所以可以理解為什麼物理學家會取笑金融經濟學家。（在此為金融經濟學家辯護，物理學中的暗能量與預期報酬有許多共同之處）然而，還是有方法可以研究股票、長期國債和短期國債。儘管預期報酬無法觀測，但過去的收益是可觀測。如果能提出一種衡量風險的方法，就有可能檢驗風險較高的證券在過去是否提供了更高的平均收益。這就是金融研究的路徑。

「風險－收益權衡」這一說法，似乎暗示投資者只要承擔風險就能獲得更高的預期報酬，但事實並非如此。需要溢價的不是風險本身，而是無法透過分散投資來避免或消除的經濟風險。首先，就可避免的風險而言，大多數賭博都屬於這一類。如前文所述，若我和朋友賭一場足球比賽，我們都會承擔風險，但不可能同時賺取風險溢價。那麼誰會得到風險溢價？答案是都不會。這種風險完全可以透過不下注來避免。這不是持續經濟活動中社會必須承擔的風險。

從這個角度出發，購買蘋果公司股票與上例不同。蘋果公司要求投資者提供資金，作為其營運的一部分。因此，持有蘋果公司股票的風險是不可避免的。如果我們想擁有 iPhone，就必須有人承擔此風險。這聽起來像是蘋果公司股票的波動是衡

量風險的適當標準，但這也是錯誤的。由於分散投資，投資者不必承擔這些風險。

為了更理解多元化投資的影響，假設屋主會面臨火災損失的風險，對全美國數百萬屋主來說，這顯然是無法避免的風險。通常情況下，屋主不願承擔風險，所以他們將風險以保險形式轉移給保險公司。因此，保險公司承擔這一風險從而可得到一筆可觀的保險費。雖然屋主需要繳納保費，但保險費相比於其面臨的風險要小得多。保險費之所以少，是因為保險公司可以透過分散給數十萬份保單來大幅度降低風險。

藉由以下例子可以進一步理解多元化投資的影響。假設你經營一家保險公司，同意在拋硬幣的過程中，若正面向上（50%的可能性），則支付賠付款給投保人。如果硬幣只拋擲一次，保險公司可能需要支付一大筆錢，因為結果不是正就是反──拋擲一次，機率不會接近50%。但隨著拋擲次數的增加，正面向上出現的機率逐漸接近50%。拋擲100萬次時，有99%的可能是正面向上的機率在49.9%～50.1%之間。換句話說，保險公司面臨的幾乎所有不確定性都已透過多元化消除。公司幾乎可以肯定不需要支付大額賠付款。火險原理也是一樣。藉由為全國成千上萬的房屋提供保險，保險公司可以非常準確地估算出每年有多少房屋會被燒燬，雖然不知道實際是哪些房屋，但這無關緊要。保險公司必須賠付的金額僅取決於眾多保單中有索賠的部分。這個數字是可以預測的。因此，保險

公司承擔的風險很小，也不需要很高的風險溢價。

投資亦是如此。如果一個投資者將全部資金都押注在蘋果公司的股票上，其可消費財富將高度依賴蘋果公司的股價。理性的投資者通常不會如此孤注一擲，而是持有多種資產配搭的投資組合。股票之間的報酬率並不完全相關，當蘋果公司的股價下跌時，可口可樂公司的股價可能會上漲。組合內的資產漲跌互見、盈虧相抵。因此，投資組合整體的波動率通常小於其單一的波動率，決定可消費財富風險的是整個投資組合的波動率，而非單一資產。因此，像蘋果公司這種單一股票，只有在增加了投資組合風險時才有風險。這一觀點最初由威廉・夏普提出，他本人因資本資產定價模型（以下通稱「CAPM」）的研究而獲得1990年諾貝爾經濟學獎。本書沒有詳細說明CAPM的推導過程，而是把重點放在關注其結果，現將CAPM模型應用於蘋果公司：

$$E(r_{\text{蘋果公司}}) - r_f = \text{Beta}_{\text{蘋果公司}} \times [E(r_{\text{市場}}) - r_f] \qquad (4.2)$$

換言之，公式（4.2）表示，持有蘋果公司股票的預期風險溢價，等於預期市場風險溢價（通常稱為「股票風險溢價」）乘以蘋果公司股票的Beta值。Beta是一個放大係數。市場投資組合的Beta係數為1.0。Beta係數大於1的股票會放大市場波動，Beta係數小於1的股票會縮小市場波動。在CAPM的背景下，不能透過分散投資消除的唯一風險，是市場整體運作中的

風險。因此，蘋果公司的風險溢價與其Beta係數成比例是完全合理的，因為Beta係數衡量的是蘋果公司的股價變動放大市場變動的程度，而市場是「不可分散風險」（通常稱為「系統性風險」）的唯一來源。

自CAPM出現以來，已經進行了數百次測試，許多測試都發現它存在缺陷。這些測試指出的主要缺陷是，市場是系統性風險的唯一來源。但只有系統性風險才會得到風險溢價的觀點並未受到影響。問題是：除了市場投資組合的變動，系統性風險的來源是什麼？

在一篇有影響力的論文中，經濟學家尤金・法瑪（Eugene Fama）和肯尼斯・佛倫奇提出了證據，顯示三因子模型（Fama-French three-factor model）比CAPM更準確地描述股票的平均報酬率。然而，與夏普教授不同的是，法瑪和佛倫奇的模型並非源自第一原則。他們還增加了兩個因素，一個是根據市值的，另一個是基於價值型股票相對成長型股票的表現，因為這兩個因素是有效的。這使得許多研究人員認為，他們可能找到比法瑪─佛倫奇三因子更有效的其他因素，於是開始爭相研究。2016年，哈維、劉（Liu）和朱（Zhu）發表了一篇論文，內容是調查了313篇針對尋找最佳風險因子的學術論文。研究報告稱，到2016年，用於解釋股票風險溢價（ERP）的因子總數已激增至316個。這些因子包括通貨膨脹率、公司獲利能力、公司破產，以及與這些相關的所有其他因素。

　　這一切研究的意義是什麼？首先，也是最重要的，研究人員在這兩個基本問題上達成一致：風險溢價不應與透過多樣化規避或消除的風險相關聯，風險溢價只能支付給承擔系統性風險的人。其次，人們一致認為，股市整體走勢是一個系統性風險因子。不幸的是，在那之後，共識瓦解了。關於其他風險因子是什麼，仍然存在爭議。

　　這有什麼實際意義？最常見的解決方案仍是使用CAPM。該模型可能有不足之處，但易於理解和應用，且它提出的風險溢價評估並非不合理。此外，CAPM中衡量風險的Beta係數也容易取得。例如，雅虎和Google財經都提供了它們的Beta係數。但就像金融領域的其他指標一樣，它們是估算得到的，而估算取決於估算方法。蘋果公司是世界上市值最大的公司，也是最受關注的上市公司之一。蘋果公司的Beta係數應該是確定的。然而，在撰寫本文時，Google報告稱，蘋果的Beta值為1.25；而雅虎報告稱，蘋果的Beta值為1.40。雅虎報告特斯拉的Beta係數為0.73，遠低於市場投資組合的Beta係數1，而Google的估計值是0.98。這種差異並不罕見。由於難以準確估算Beta係數，西班牙金融經濟學家帕布羅・斐迪南（Pablo Fernandez）認為，投資者最好假設所有股票的Beta係數都與市場投資組合相同。這是一種極端的情況，但投資者應該意識到，Beta係數不像光速那樣保持不變，不是可以精確測量的。

　　確定了Beta係數，CAPM還是沒有提供股票的風險溢價。

回顧之前的內容，公式（4.2）顯示，蘋果公司的風險溢價應該等於其Beta係數乘以市場風險溢價（股票風險溢價）。這意味著，要評估股票預期報酬，必須首先估算出股票的風險溢價。

除了在CAPM模型中需要使用，股票風險溢價在財務規劃中也至關重要。例如，針對一個典型的退休基金持有股票和債券的組合，債券報酬率可以直接計算，但股票呢？如果投資者持有的市場投資組合Beta係數等於1，那麼預期報酬就是政府債券當前報酬率加上股票的風險溢價。因此，養老基金為其退休債務提供的資金，取決於對股票風險溢價的評估。股票風險溢價越高，所需的資金就越少。這使得股票風險溢價成為一場遊戲，資金吃緊的美國州和市政府，希望為固定繳款的養老金計畫資金所必須支付的費用降至最低。問題是，若過於樂觀地評估股票風險溢價，而導致實際收益低於假設，那麼基金可能無法支付到期的福利需求。這就提出了一個問題：什麼是對股票風險溢價的合理評估？

股票市場的風險溢價

相比於投資國債，投資者投資股票能獲得的額外報酬成為股票風險溢價。像CAPM這樣的定價模型不能用來評估股票風險溢價，因為它是對模型輸入的資料。回顧表4-3，CRSP指數

報酬率與國債報酬率的算術平均差為5.72%，而幾何平均差為4.3%。這意味著股票風險溢價應在5%左右，投資者才會對兩者報以同樣的投資態度。

　　只有在不可觀測的預期風險溢價保持不變的情況下，使用歷史平均值來評估前瞻性的股票風險溢價才有效。但這種假設幾乎肯定是錯誤的。股票風險溢價可能會隨著時間推移而下降，原因有很多，包括以下：

1. 交易手段和記錄的儲存技術進步，增強市場流動性。

2. 證券交易委員會等機構的成立，加強了資本市場監管以及對投資者的保護。

3. 經濟理論和政策的進步使經濟更加穩定。

4. 資產定價和投資組合理論的進步，加強了風險度量和投資管理。

5. 共同基金、指數股票型基金的發明和現代退休儲蓄制度的建立，擴大了股票市場的參與。

6. 投資者在收集和散布有關股票投資財務績效的資料時，發現股票這項投資並非具有不可接受的風險。

7. 市場投資組合報酬率波動性下降。

8. 由於美國人口老化，他們可能會出售股票為退休提供資金，從而降低預期市場報酬率。

考慮到預期風險溢價在過去90年有下降的情況，歷史平均水準估算未來的風險溢價會上升。

由於意識到使用歷史平均線（尤其是完全根據美國資料的平均線）存在固有的潛在偏差，學者和實際執行者轉向其他估算股票風險溢價的方法。其中被廣泛接受的是應用於整個市場的現金流量折現（Discounted Cash Flow，DCF）模型。提供當前市場的可觀察價格指數（例如，標普500指數在我們寫這篇文章時是2,604），以及在指數中對股票未來股息的預測，透過股息現值與指數相等，可以計算出對應的貼現率。根據定義，該貼現率是市場指數的預期報酬率，減去美國國債報酬率後，得到股票風險溢價的估值。紐約大學金融學教授亞斯華斯‧達摩德仁（Aswath Damodaran）在其網站上發布每月一期的未來股票風險溢價。根據10年期政府債券報酬率計算，他對2016年12月的最新估計約為5.7%。若他使用20年期債券，他的估計是5.5%。令人欣慰的是，這一估值與基於歷史資料的計算結果差異不大。

上述所有因素都適用於美國的資料。分析人士通常使用美國資料，因為它們是最完整、最準確的，但這本身就是個問題。美國的資料如此完整和清晰，是因為20世紀的美國成為世界領先的經濟體。在此期間，美國政治穩定，沒有輸掉一場戰爭，擁有增長最快的金融市場。這些原因導致美國的歷史資料可能存在偏差。從1926年的歷史資料來看，投資者沒有

理由相信美國將在未來91年裡受益。為了克服這種偏見，在2002年，英國倫敦商學院的三位教授迪姆遜（Dimson）、馬胥（Marsh）和斯湯頓（Staunton）著眼於整個20世紀的全球股市收益。[1] 他們的結論是，基於美國數據的歷史平均水準可能高估了未來的股票風險溢價。他們認為4%左右的股票風險溢價更合適。

最後，還存在如何計算平均風險溢價的問題。若年報酬率與時間無關，而計算目標是預估明年的風險溢價，那麼算術平均數是最佳估值。然而有證據顯示，股票報酬率與時間呈負相關。如果是這樣，算術平均數往往會高估未來溢價。另外，在投資環境中，目標通常是預估較長期間（一般為5～10年）的平均溢價。從長遠來看，幾何平均數可能是更好的選擇。

綜上所述，對未來股票風險溢價的合理預估仍存在諸多爭論，這並不足為奇。在本書的其餘章節中，我們採取中間立場，使用5%這個預估值。

CAPM的應用

為了讓讀者掌握CAPM的原理，表4-4提供了在2017年11

1　Elroy Dimson, Paul Marsh, and Mike Staunton (2002). *Triumph of the Optimists: 101 Years of Global Investment Returns. Princeton*, NJ: Princeton University Press.

月28日使用CAPM計算的12家知名企業相關資料，表中的Beta
係數都是從Google獲得。要正確認識Beta係數，請記住，市
場投資組合的Beta係數是1。對於放大市場波動Beta係數的直
觀描述，表4-4中的預估是有意義的。處於表格底部的是對整
體經濟不確定性依賴較小的公司的Beta係數，例如埃克森美孚
石油公司（Exxon）、寶僑日用品公司（Procter and Gamble），
尤其是愛迪生國際電力公司（Edison International），其Beta係
數僅為0.2。事實證明，不論人們何時用電，價格多半是受管
制的。在高端市場、科技公司，尤其是像數位行銷Hubspo這
樣的小公司，Beta係數很高。但即便是蘋果和亞馬遜這樣的

表4-4　CAPM預期報酬（2017年11月28日）

公司	Beta係數	20年長期國債	股票風險溢價	預期報酬率
亞馬遜	1.45	2.58%	5.00%	9.83%
蘋果公司	1.25	2.58%	5.00%	8.83%
波克夏公司	0.87	2.58%	5.00%	6.93%
愛迪生國際電力	0.24	2.58%	5.00%	3.78%
奇異	1.11	2.58%	5.00%	8.13%
通用汽車	1.56	2.58%	5.00%	10.38%
Hubspot數位行銷	2.40	2.58%	5.00%	14.58%
摩根大通	1.22	2.58%	5.00%	8.68%
默克公司	0.78	2.58%	5.00%	6.48%
Netflix	1.39	2.58%	5.00%	9.53%
寶僑日用品公司	0.66	2.58%	5.00%	5.88%
埃克森美孚石油	0.83	2.58%	5.00%	6.73%

大型科技公司，Beta係數也超過了1。通用汽車的Beta係數為1.56，高於亞馬遜，這有點令人吃驚。這可能反應出購車對經濟狀況很敏感，也可能是測量誤差的結果。最後，像是波克夏、奇異等傾向於反應整體經濟狀況的大型多元化公司，其Beta係數與預期相同，接近1。

考慮到20年期美國國債當前報酬率和5%的股票風險溢價，表4-4中樣本股票的預期報酬率從愛迪生國際公司的3.78%到Hubspot的14.58%不等。該範圍包括了95%以上的上市股票。請注意，隨著20年期美國國債報酬率的變化，預期報酬率每天會發生變化。原則上，Beta係數也可能發生變化，但其無法精確測量，且短期變化的程度未知。

CAPM同樣適用於股票以外的證券

CAPM同樣適用於普通股以外的證券。低評級債券就是一個例子。在第三章中，我們提到低評級債券是一種混合證券。與高評級債券一樣，它們承諾定期支付固定收益。與優質債券不同，該公司實際兌現這些承諾的可能性取決於商業環境。從這個意義上說，債券更像股票。我們也注意到低評級債券的問題，雖然債券的承諾報酬率可以直接計算，但除了使用歷史平均數，沒有特定的程式可以來預估預期報酬。CAPM解決了這個問題。

　　結果說明，低評級債券的Beta係數較高，約為0.5，使用來自表4-4中2.58%的國債報酬率和5%的股票風險溢價，Beta係數0.5對應於5.08%的預期報酬率和2.5%的風險溢價。這些數字和第三章提到的歷史平均紀錄很接近。

股權現金流量折現率

　　預期報酬率是計算股票現金流（如股息）現值的適當貼現率。貼現率是我們將在下一章詳細討論的問題。就股票而言，預期報酬率是合適的貼現率，因為市場認為這是公平的經風險調整後的報酬率。例如，假設你期望明年從一家公司獲得1美元股息，透過CAPM計算的預期報酬率是10%，注意這是預期報酬，不是確定值。為了使你的預期報酬率為10%，當前投資價值為：

現值＝$1/（1＋0.10）　　　　　　　　　　　　（4.3）

要理解這一公式，先來看報酬率的公式：

報酬率＝（$1－現值）/現值

將此公式代入公式（4.3），並化簡，可得到：

報酬率＝10%

　　這說明預期報酬率是合適的貼現率。

　　貼現率在預估普通股基本價值中有關鍵作用，在下一章中將詳細講述。

流動性與預期報酬

　　儘管風險是預期報酬的主要決定因素，但不是唯一的決定因素。在其他所有因素中，流動性是最關鍵。定義流動性並非易事，第九章中會深入討論這一問題。先暫且這樣定義：金融資產流動性可以用無須大幅降低價格即可出售證券的數量來衡量。

　　顯然，流動性對投資者來說很重要，能夠用當前市場價格立即把金融資產轉換為現金，為投資者提供了一種保障。在突發事件中，高流動性的金融資產能以當前價格出售，好因應健康危機等突發事件。研究發現，流動性可以帶來價值，投資者願意接受預期報酬率低但流動性強的資產。透過美國國債更能體會流動性的好處。美國國債支付固定利息，且沒有違約風險，因此可以精確計算其未來收益。事實證明，即使在所有證券流動性都很高的美國國債市場，流動性最強的證券（也就是最近發行的證券）交易價格也略低一些。

　　流動性對普通股的影響更加複雜。與美國國債不同，股價存在波動性，因此無法精確衡量其預期報酬率。所以很難說一

檔股票的預期報酬率高於另一檔。讓問題進一步複雜的是：與風險不同，現代交易技術的發展，使得因流動性造成的誤差很小。這意味著，要確定一檔股票的預期報酬率是否因流動性而高於另一檔股票，需要很長的樣本期間。但隨著時間的推移，股票的風險和流動性可能會發生變化，從而使研究結果變得毫無意義。

實際上，從大多數投資者的角度來看，活躍交易的股票都是完全流動的。個人投資者只要按下按鈕，就可以在接近市場價格的範圍內進行交易。在公開交易的普通股中，流動性是一個可以完全忽略的問題。

在考慮到房地產和私募股權等另類資產時，流動性就變得很重要。人們期望從這些資產中獲得更高的預期報酬，以彌補流動性的不足，但這很難量化。例如，關於非上市招股的歷史資料既少又零散，且不存在類似於公開交易股票收盤價的資料。因此，儘管人們普遍認為另類資產會提供彌補流動性不足的溢價，但其規模仍是一個處於研究中和備受爭議的熱門話題。

基本概念 4 ————————————————————

　　「風險—收益權衡」是金融和投資的關鍵基礎概念之一，但它並非看上去的那樣，承擔更多風險不代表獲得更高的收益，甚至不意味著投資者可以期待更高的收益。有些風險根本得不到補償。實際的權衡是預期報酬和預期系統性風險之間的權衡。系統性風險是指：不能透過分散投資來規避或消除的風險。雖然關於衡量系統性風險的精確方法仍有許多爭論，但人們一致認為，系統性風險是指股票收益對市場投資組合收益變化的敏感度，可以透過 Beta 值來衡量。目前正在進行的研究主要是尋找產生影響的系統性風險。

5

基本面分析與
估值

　　主動投資有兩種不同的方式。第一種，購買對投資者期望的未來現金流來說定價合理的證券。若投資者的觀點正確，購買並長期持有證券，則收到的現金流可以證明投資決策是合理的，且最終市場將會發現證券價值，投資者能以更高的價格出售該證券。第二種方法是購買證券，目的是要在較近的未來能以較高價格轉售。許多技術分析是以第二種方法為基礎，投資分析的目的是確定價格何時上漲或下跌，進而從價格變動中獲利。從投資角度看，證券現金流大多是無關緊要的，投資目標是今日買入未來更值錢的東西。

　　購買你認為未來會有人以更高價格買入的東西而付出努力，並非是本書討論的問題。它應該屬於心理學範疇，而不是金融領域的問題。因此，我們認為這不是投資的基本概念。然而，在我們結束這個話題之前，有一個低買高賣的方法需要深入探討，就是股市存在泡沫的可能性。

泡沫

　　若大多數交易者都低買高賣，那麼價格會很快上漲。投資者現在買入是因為看到價格上漲，他們的買入進一步推高了價格，從而使人們堅信未來價格仍會上漲。例如，只要有足夠多的新買家，有足夠的資金進行投資，房價就可以在沒有任何原因的情況下長期上漲。這就是所謂的泡沫。

　　著名的泡沫例子是16世紀發生在荷蘭的鬱金香狂熱，在泡沫破裂前，鬱金香球莖的價格在不到兩年的時間上漲了20多倍。雖然鬱金香球莖確實存在一定價值，可以用來種植鬱金香，但沒有理由認為它的價格會上漲得如此之快。事實上，在經濟繁榮的鼎盛時期，種植的鬱金香球莖數量減少了，因為它們被用來轉售。

　　但這絕非個例，比特幣（Bitcoin）正在重複這一歷史。比特幣是一種電子貨幣，以區塊鏈（blockchain）技術為支撐。人們持有比特幣，而無須承擔被盜的風險（比特幣在進入區塊鏈之前的交易階段就可能被駭客攻擊，所以在此階段存在被盜的風險）。比特幣現在和將來都不會支付股息，它很難作為正常購物的貨幣使用，因為很少有商家會接受它們，且其價值波動太大。因此，擁有比特幣除了可能在未來以更高的價格出售，並不能帶來其他收益。

　　表5-1所示為2013年1月至2017年12月期間比特幣價格的每月數據。在不到五年的時間裡，比特幣的價格從20美元漲到15,749美元，年複合增長率達到430%！近期的增長更為驚人，2017年比特幣價格飆升1,530%！儘管比特幣在2017年和2013年基本上相同，但價格出現了爆炸性上漲。比特幣仍不支付股息，也很難用於正常交易，這些事實都很難解釋其價格的大幅度上漲，只能用自我強化的泡沫來解釋，物價上漲是由於人們預期物價會上漲。此外，其價格爆炸性的成長使一些對金

融市場知之甚少的人開始進行投資，生怕錯過大賺的好機會。

表5-1　比特幣價格（2013年1月～2017年12月）

日期	比特幣價格（美元）	比特幣報酬率
2013/1/5	20	
2013/2/4	33	65.00%
2013/3/7	93	181.82%
2013/4/6	139	49.46%
2013/5/7	129	-7.19%
2013/6/6	97	-24.81%
2013/7/7	98	1.03%
2013/8/6	129	31.63%
2013/9/6	123	-4.65%
2013/10/6	198	60.98%
2013/11/6	1,112	461.62%
2013/12/6	728	-34.53%
2014/1/6	800	9.89%
2014/2/5	565	-29.38%
2014/3/8	452	-20.00%
2014/4/7	448	-0.88%
2014/5/8	635	41.74%
2014/6/7	640	0.79%
2014/7/8	579	-9.53%
2014/8/7	483	-16.58%
2014/9/7	387	-19.88%
2014/10/7	337	-12.92%
2014/11/7	376	11.57%
2014/12/7	317	-15.69%
2015/1/7	217	-31.55%

日期	比特幣價格（美元）	比特幣報酬率
2015/2/6	256	17.97%
2015/3/9	244	-4.69%
2015/4/8	236	-3.28%
2015/5/9	229	-2.97%
2015/6/8	263	14.85%
2015/7/9	284	7.98%
2015/8/8	231	-18.66%
2015/9/8	236	2.16%
2015/10/8	316	33.90%
2015/11/8	376	18.99%
2015/12/8	429	14.10%
2016/1/8	365	-14.92%
2016/2/7	439	20.27%
2016/3/9	416	-5.24%
2016/4/8	446	7.21%
2016/5/9	530	18.83%
2016/6/8	674	27.17%
2016/7/9	623	-7.57%
2016/8/8	576	-7.54%
2016/9/8	611	6.08%
2016/10/8	704	15.22%
2016/11/8	739	4.97%
2016/12/8	966	30.72%
2017/1/8	966	0.00%
2017/2/7	1,189	23.08%
2017/3/10	1,081	-9.08%
2017/4/9	1,435	32.75%
2017/5/10	2,191	52.68%
2017/6/9	2,420	10.45%

日期	比特幣價格（美元）	比特幣報酬率
2017/7/10	2,856	18.02%
2017/8/9	4,718	65.20%
2017/9/9	4,367	-7.44%
2017/10/9	6,458	47.88%
2017/11/9	10,757	66.57%
2017/12/20	15,749	46.41%
算數平均值		838.04%
幾何平均值		430%
至2017年		1530%

　　泡沫的最大風險是，它們可能突然破裂，價格由此暴跌。經過多年的上漲，荷蘭鬱金香球莖價格在不到三個月的時間就跌回原來的水準。如果需求主要來自投資者對未來價格上漲的普遍預期，那麼一旦價格停止上漲，需求就會消失。當不再有投資者願意接盤時，價格必然崩跌。我們懷疑比特幣也會出現這種情況。先鋒集團的傳奇創始人約翰・柏格（John Bogle）認同此觀點，當比特幣的價格飆升至1萬美元以上時，他曾打趣說：「比特幣很可能漲到2萬美元，但這並不能證明我錯了。等比特幣的價格跌回100美元時，我們再來談談。」

　　關於價格上漲是否代表存在泡沫，人們經常爭論不休。在我們看來，比特幣就是一個強有力的論據。比特幣是一種虛擬貨幣，不提供任何形式的現金收益，也沒有基本價值。因此，很難將表5-1所示的價格大幅上漲歸因於自我強化泡沫以外的任何原因。就股票而言，這種情況更加複雜。投資股票的人在

當前和未來擁有享受分紅的權力，因此股票投資具有一定的基本價值。股市繁榮時，投資者經常會提出的問題是，股價上漲在多大程度上合理反應了基本價值的上漲，而不是由於泡沫的影響？例如，直到今天，關於網路時代科技股的暴漲暴跌是泡沫的結果，還是合理預期的結果，仍然存在爭議。大多數人接受泡沫的解釋，但並不是所有學者都認同。

為了解釋這一點，表5-2顯示那斯達克指數從1997年1月～2001年9月的月走勢。在前三年又兩個月裡，該指數的上漲驚人地達到370%，但在接下來的18個月裡，幾乎所有漲幅都消

表5-2　那斯達克指數（1997年1月～2001年9月）

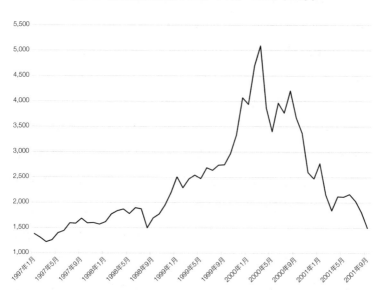

失了。由於這是在總體經濟變動非常小的時期所出現的戲劇性變化，許多金融經濟學家得出結論稱，這一插曲是泡沫的一個例子。然而，也有人堅持認為，股價上漲是基於對未來商業前景的理性評估，只是這些評估後來並未實現。如果投資者能認同商業模式變革的假設並接受對未來利潤的極樂觀預測，就有可能以「基本面」為基礎，證明其極高的估值是合理的。畢竟，亞馬遜公司的事實確實存在。商業模式變革失敗後，那些預言變革的人常常被嘲笑，但這並不意味著他們的觀點在當時是不合理的。

　　藉由特斯拉公司的例子可以說明，要區分「泡沫現象」與「對未來革命性商業創新的理性信念」有多麼困難。表5-3是特斯拉公司股價與通用汽車公司股票收益的基準投資終值對比圖。（由於通用汽車公司支付股息，因此有必要建立一個通用汽車公司的投資終值，與不支付股息的特斯拉公司進行比較。）在最初的14個月裡，它們的表現與人們對兩家汽車公司的預期一樣。然後，隨著特斯拉 Model S 的推出，兩條線開始出現分歧。在接下來的4年中，特斯拉股價增長了近1,000%，而通用汽車的基準僅小幅上升。2017年，特斯拉的市值一度超過通用汽車，儘管特斯拉與通用汽車的收入相比，只占很小一部分。此外，特斯拉當時並未獲利，且自由現金流為負。這是否意味著特斯拉的股價上漲在一定程度上是由於泡沫？我們認為是這樣，但許多人認為並非如此。我們持有該股

表5-3 通用汽車公司與特斯拉公司的股價走勢對比（2012年1月～2017年7月）

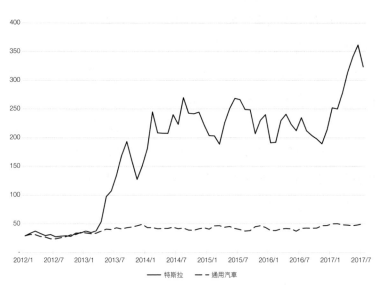

的頭寸（我們將在本章後面討論該頭寸），並收集了分析師的報告和網路上的觀點。一些知名分析師認為，即便是在股價最高的時候，這個股票仍然很便宜。在網路上，該公司及其領導人伊隆‧馬斯克（Elon Musk）因許多人說「這是對汽車行業的徹底顛覆」而受到稱讚。在他們看來，這不是泡沫，而是他們對下一個亞馬遜公司或蘋果公司的理性回應。在我們寫本書時，誰是誰非還沒有定論。

特斯拉公司並非特例。在撰寫本書時，Netflix的本益比是228倍，亞馬遜公司的是359倍。可以肯定的是，這兩家公司都是優秀、富有創新的，且亞馬遜公司已經築起強大的商業

競爭壁壘。但這是否足以解釋它們高高在上的估值？是否意味著，存在有某種因素支撐了比特幣的超常估值？不幸的是，能確定股票價格是否產生泡沫的通用方法並不存在。這取決於每個事件的特定情境。我們建議投資者只購買根據基本面分析估值合理的證券，具體分析方法將在接下來的內容中說明。禁受不住誘惑，試圖根據過去的股價波動來猜測未來股價走勢的行為，是一場比傻的遊戲。針對這個觀點，沒有人比巴菲特說得更好了。2013年，巴菲特在致波克夏公司股東的信中做了絕妙的比喻。巴菲特說：

　　對股票投資者來說，他們持有的股票估值大幅波動對他們來說應該是很好的優勢，對一些投資者來說，的確如此。如果我隔壁農場有個喜怒無常的傢伙每天都向我大吼大叫，他要麼買下我的農場，要麼把他的農場賣給我，價格取決於他的精神狀態，因此在短期內變化非常大，我肯定會從他反覆無常的行為中獲利。若他減少大吼大叫的次數，而我有閒錢，就會買他的農場。若他喊的次數高得離譜，我要麼把我的農場賣給他，要麼繼續務農，不予理睬。

　　然而，股票所有者通常會受到其他人反覆無常且往往不理性的行為影響，導致他們的行為也不理性。由於市場、經濟、利率、股價走勢等方面的討論太多，一些投資

者認為聽取專家的意見很重要，更糟糕的是，投資者認為專家的意見對投資決策很重要。

對於擁有農場或公寓、能平穩度過幾十年的人，當他們看到一連串的股票報價，以及伴隨而來的評論人士傳遞出「不要只是坐著，做點什麼」的隱含訊息時，往往會變得抓狂。對這些投資者來說，流動性從無條件的利益變成了詛咒。

巴菲特接著說：

若「投資者」瘋狂地買賣農田，他們的作物產量和價格都不會增加。這種行為的唯一後果是，擁有農場的人由於尋求諮詢意見和轉移財產而產生大量費用，其總體收入會減少。

然而，那些從提供建議或進行交易中獲利的人，將不斷敦促個人和機構採取積極行動。由此產生的摩擦成本可能是龐大的，但對投資者而言，總體上沒有任何好處。所以，不要理會那些閒言閒語，把成本降到最低，像投資農場一樣投資股票。

巴菲特的比喻雖然很聰明，但你如何決定是否購買一個農場仍然未知。這是接下來要討論的問題。

估值基礎

巴菲特的農場例子和企業一樣，透過向農場主提供可消費的現金來為農場主創造價值。就股票而言，其價值在於它們為持有者帶來了現金收益。與藝術和珠寶不同，股票不提供非金錢上的享受。事實上，股票不再以紙質形式存在，而只是電腦中的紀錄。因此，預估股票的基本價值需要對其未來現金流所有權進行評估。從所有投資者的角度來看，這一點最為明顯。正如之前討論有關夏普法則時提到，投資者可能會把蘋果公司的股票賣給另一個投資者，但除非蘋果公司進行股票回購，否則投資者作為一個整體是無法擺脫股票的。從投資者集體的角度來看，蘋果公司的股票只有一個價值來源——蘋果公司向股東支付的現金。[1]因此，一檔股票的價值最終必須由其按比例收到的款項決定。這是估值和基本證券分析的基礎概念。

自由或「可配發股息」現金流

大多數企業以股息的方式向股東發放現金收益，因此，股票價值似乎應該取決於預期的未來股息，這在理論上是正確

---

1 如果一家公司被出售，那麼現金收益還包括收購方支付的現金，但這是一個相對罕見的事件，在此不進行分析。原則上，從收購中獲得的現金與股息等一般現金收益沒有區別。

的。問題是，股息很難預測，因為它們取決於管理層採用的配發股息政策。例如，Google擁有可以用來支付股息的大量現金，但它選擇增加現金儲備，而不是將其支付給股東。因此，估值應基於「可配發股息」或自由現金流，即公司在滿足營運和新投資所需的現金需求後，在某一年所剩的現金量。

透過以下例子可以理解每股自由現金流對股票基本價值的意義。想像一下，在某年的第一天，公司開設了銀行帳戶，用於處理所有與公司有關的交易。由於公司全年營業的所有收入都存入該帳戶，所有付款（包括新增投資）都從該帳戶中扣除。該帳戶不做其他用途。假設銀行帳戶開設日餘額為零，此外，若取款超過存款，還可以自動透支。

第一年結束時，帳戶上的餘額代表股東可以從企業支取的資金（如果餘額為負，則表示企業必須增加帳戶餘額以彌補透支的資金）。回到上述例子，假設企業在年底全額提領了帳戶餘額，用於支付股息或存入投資基金，那麼帳戶餘額將在第二年年初重新歸零。這種情況下，第二年年底的帳戶餘額代表第二年產生的可支出現金。按照這種方式持續，很明顯，每年的期末餘額代表可用作股息的資金，換句話說就是現金股利。假設價值最終由可支配的現金決定，那麼這檔股票的價值取決於其在未來年末現金餘額中所占的比例。現金餘額是指該公司每年年末的自由現金流。

使用可配發股息自由現金流對公司股票進行定價的經典方

法，是在公司內進行定價，因為財務報表是以這種形式呈現的。然後，每股股票的價格可以用市值除以已發行股票的數量來計算。雖然我們未顯示詳細數學模型（有關定價的書會介紹），但有一個簡單的模型很重要，不能忽視，因為它說明了幾個基本概念——固定成長模型。

固定成長模型

回顧第一章介紹的報酬，債券價值等於利息和本金按市場利率折現後的現值。股票估值也是如此，但有幾個問題：第一，沒有固定期限。配發股息現金流一直持續到不確定的未來；第二，配發股息現金流是不固定的，甚至不能預先知道，因此，貼現的應是預測的未來現金流；第三，貼現率更為複雜，因為它必須反應自由現金流的風險；第四，我們假設期望自由現金流（Free Cash Flow，FCF）以恆定的速度增長，得到的程式為：

$$P = FCF_1 / (1+k) + FCF_1 \times (1+g) / (1+k)^2 + FCF_1 \times \qquad (5.1)$$
$$(1+g)^2 / (1+k)^3 \cdots$$

公式（5.1）中，P為股票價值，FCF_1為第二年現金流，g為現金流增長率，k為適當的風險調整貼現率，最後一項後面的省略號表示這個程式是無限的。儘管這個程式有無窮多的項

式，它仍然可以被化簡為：

$$P = FCF_1 / (k-g) \qquad (5.2)$$

最後，根據公式（5.2）可以推導出估值比率的表現形式，估值比率是價格除以現金流量，在本例中是自由現金流。兩邊同時除以FCF_1：

$$P / FCF_1 = 1 / (k-g) \qquad (5.3)$$

實際上，固定成長模型是一個特例，因為大多數企業，尤其是年輕企業，還無法實現穩定增長。儘管如此，固定成長模型仍然對決定價值和估值比率的基本因素有參考意義。如公式（5.2）和公式（5.3），顯然存在兩個關鍵因素：未來預期現金流FCF_1及其增長率g。未來預期現金流越大，增長率越大，價格越高，估值比率越大。

在進行跨公司比較時，估值比率比價格更有意義，因為它們會根據公司的規模進行調整。顯然，大公司的價值往往高於小公司，但沒有理由認為，大公司的每1美元現金流價值更高。雖然公式（5.3）是用自由現金流表示，但通常都用盈餘來代替。從專業角度來看，這是錯誤的，但實際上大多數情況下兩者區別不大。無論哪種情況，預期增長率都是估值比率的主要決定因素。例如，亞馬遜公司目前的本益比為288，而塔吉特百貨的本益比為12。很明顯，市場對兩家公司的獲利增長

預期不同。

影響估值比率的第二個因素是隱含在貼現率k中的風險。我們從關於風險和報酬的章節中可知，預期報酬率就是投資者需要的貼現率，可以用20年期美國國債報酬率，加上公司Beta係數與股票風險溢價的乘積來近似表示。在這三個因素中，不同公司之間的唯一差異是Beta係數，Beta係數越高，公司風險溢價越大，折現率越大。更高的貼現率反過來會導致更低的價格和估值比率。

雖然我們透過固定成長模型得到這些結果，但這些結果的應用比固定成長模型的應用更普遍。估值比率的兩個關鍵決定因素是增長率和風險。為了比較這兩個因素的相對重要性，必須放棄固定增長的假設。

更貼近實際情況的模型

儘管固定成長模型能夠說明估值概念，但它並不實際，至少對大多數公司來說是如此。特別是在企業的早期，不能期望它們以恆定的速度增長。對於如何建立更切合實際的現金流量折現（以下通稱「DCF」）的細節，許多優秀書籍中都有介紹，我們在此不做討論。[2]然而，要理解這些模型是如何使用

2　目前的三本估值書是：Aswath Damodaran (2012). *Investment Valuation*, 3rd

的，必須理解幾個基本原則：

第一，DCF的估值分為兩個階段。在第一個階段，通常是5～10年，建立一個詳細的財務模型。該模型是基於對所有必要財務指標（如收入、成本、資本支出和折舊）的預測。財務分析的最終目標是預測確切期間內每年的自由現金流。

第二，經過詳細的預測階段後，假設公司達到穩定的增長狀態。這種穩定狀態從預測期結束一直持續到不確定的未來。公司在穩定狀態下的價值，通常被稱為「最終價值」或「持續價值」，是使用固定成長模型計算。

第三，預估適當的風險調整貼現率。如前一章所述，在本書中通常使用CAPM。

最後，利用公式（5.4）計算年度現金流折現值和穩定值。在公式（5.4）中，為了控制程式中項式的數量，我們假設初始預測期為5年。這就是公式中包含5個明確的預測現金流——FCF_1到FCF_5的原因。在實際操作中，預測期應該延長，直到能夠合理假設企業達到穩定狀態。這對一些公司來說可能需要10年甚至更長時間。公式中除了明確的預測現金

edition. New York: Wiley; Shannon Pratt (2008). *Valuing a Business* , 5th edition. New York:McGraw-Hill; and Tim Koller, Marc Goedhart, and David Wessels (2017). *Valuation*, 6th edition.New York:Wiley.想要更深入學習，可閱讀Robert W. Holthausen and Mark E. Zmijewski (2014). *Corporate Valuation* . New York:Cambridge University Press.

流，還有最終價值TV$_5$。預測期結束後，使用固定成長模型計算最終值。明確的預測現金流對最終價值有很大影響，因為它們決定了FCF$_5$，FCF$_5$是固定增長的初始值。

$$P = FCF_1 / (1+k) + FCF_2 / (1+k)^2 + FCF_3 / (1+k)^3 + \qquad (5.4)$$
$$FCF_4 / (1+k)^4 + FCF_5 / (1+k)^5 + TV_5 / (1+k)^5$$

雖然公式（5.4）看起來很複雜，但若公式中的每一項式都可以預估，最終計算可以透過試算表來完成。

估值的關鍵，在於如何在第一階段預估年度現金流，這也是優秀投資者與一般投資者的差別所在。貼現率和穩定狀態值的預估都可以找到相應的操作指南，許多教科書中都有詳細講述。然而，預估年度現金流是一項艱苦、以事實為基礎的工作，需要詳細了解相關業務內容。了解一個企業沒有捷徑可走。此外，理解一種類型的業務（例如鐵路）所需的技能，可能不適用於其他類型（例如生物技術公司或社群媒體公司）。

為了幫助投資者進行基本面分析，許多網站都提供了DCF模型，讀者可以造訪網站，點取一家公司，軟體就會建立一個DCF模型。該方法的問題是，所有的複雜工作都是隱藏進行的。例如，我要求該軟體為蘋果公司建立一個10年的DCF模型，它得出的數值為「173美元」。然而這個數值對未來的iPhone、蘋果進入媒體業務、蘋果支付、蘋果的服務、Mac電腦等有什麼價值呢？想要比市場更準確地評估蘋果公司的價

值，就要充分了解其業務來回答這些問題。但軟體並不會這樣做，因為這是一項龐大的工作。在達摩德仁教授的部落格「思考市場」中可以找到網路上最完整、最透明的DCF估值。他提供了許多知名公司完整的資料，其中包含所有的細節。

換句話說，如果你對一家企業有了深入的了解，從而能夠相對準確地預測其現金流，那麼你對這家企業的估值永遠不會太離譜。如果沒有這樣的了解、不能正確預估貼現率和最終增長率，就無法正確應用模型，那麼你的估值不可避免地會出現錯誤。

毫無疑問，著名的基本面投資者是巴菲特。由於巴菲特的個人財富有1,000億美元來自他的投資活動，所以他被譽為世界上最優秀的投資者。因此，人們經常問他的「祕訣」是什麼。DCF模型為這個問題提供了答案。

華倫・巴菲特的投資「祕訣」

關於巴菲特的投資祕訣，首先要注意的是，它並不是一個真正的祕密。多年來，巴菲特在寫給股東的信中已經清楚表明了他的投資方式。他一再重申，關鍵是「了解企業的業務」。他表示，永遠不會投資自己不懂的業務。對折現現金流量模型來說，了解業務意味著，在初始階段能夠比市場更準確地預測未來現金流量。巴菲特如何做到這一點，其實並不神祕，他仔

細研究了他所投資的企業。他評估競爭者和進入競爭壁壘，評估潛在稅收和監管等方面的影響，而這些工作細緻且艱苦。巴菲特的獨特之處在於，他能將預測公司未來現金流所需的各種不同訊息彙集在一起。根據對未來績效的預測，可以計算出企業的DCF值，並與市場價格進行比較。那些能夠以低於DCF分析的價格被收購的公司，是具有吸引力的。一旦巴菲特認定這項投資具有吸引力並決定「買下農場」，他就有能力避免被市場價格的短期變動分散注意力。這一切說起來容易，實際操作起來卻很困難，正如蘋果公司的例子。巴菲特在2013年致波克夏公司股東的信中，他這樣描述：

> 　　查理和我購買股票時，我們認為股票只是企業的一小部分，我們分析購買股票與購買整個企業的方式是十分相似的。首先我們要考慮是否能夠預估公司未來5年，或者更長時間內的獲利。如果可以，我們就會以估值區間下限的價格買入股票。如果我們不具備預估公司未來獲利的能力（經常會是這樣），那我們就考慮其他投資。合作54年來，我們從來沒有因為宏觀或政治環境的因素，以及其他人的不同看法，而放棄有吸引力的投資。實際上，這些都不是我們做投資決策時會考慮的因素。

> 　　認清自己「能力圈」的半徑，並且待在能力圈裡面非常重要。即便做到了，有時候我們還是會犯錯，無論買股

票還是收購公司。但這樣不會帶來災難，就像一個持續上漲的牛市，誘導大家根據預期價格走勢或投資慾望來購買股票。

對多數的投資者而言，研究公司的前景並非投資的重點。於是，他們可能認為自己不具備「理解公司需要的知識和預測未來獲利」的能力。我有一個好消息要告訴這些非專業人士：一般投資者並不需要那些技能。總體而言，美國公司長期以來表現都很好，並且還會欣欣向榮（當然一定會有起起伏伏）。在20世紀的100年裡，道瓊指數從66點漲到了11,497點，分紅不斷提高。21世紀一樣會有巨額的回報。非專業投資者的目標不應該是挑出優勝的企業——他和他的「幫手」都做不到，而是應該配置一個跨行業的組合，整體而言其收益必定不錯。標普500指數基金就可以實現這個目標。

在上述所提及的內容，巴菲特的行為與其他基本面分析師沒有什麼不同。他只是擁有足夠的耐心、細心、知識以及對個人局限性的認識，來做詳細的準備工作。想仿效他的人應該看看他幾十年的訓練和艱苦的工作，而不是只看他的洞察力。這就是為什麼越來越多的投資者揚言仿效巴菲特，而不是真正嘗試仿效。這也是為什麼巴菲特建議按他說的去做，而不是按他做的去做。

實際案例：特斯拉公司

我們試圖仿效巴菲特，使用DCF分析來做投資決策。特斯拉公司是我們關注的公司之一。2014年，本書作者之一康奈爾教授與亞斯華斯‧達摩德仁教授共同發表了一篇文章，試圖用DCF模型解釋特斯拉公司股價的上漲，該模型預測特斯拉公司10年的現金流。文章發表時，特斯拉公司的股價為每股253美元，考慮到高資本成本和汽車行業競爭性質等因素，即使在做出最有利於特斯拉公司的假設時，DCF模型產生的最高價值也在每股100美元左右。文章的結論是，特斯拉公司定價過高。

在文章發表後的幾年裡，特斯拉的股價持續上漲。2017年8月，特斯拉公司的股價為每股350美元，達摩德仁教授在網路上發布最新的DCF模型，考慮到自2014年以來特斯拉的發展，包括Model S和Model X的推出以及Model 3的訂單數量，達摩德仁教授計算的DCF價值為每股192美元。我們的DCF模型與達摩德仁教授提供的模型類似，但預估出的價值略低，約為175美元。

這些模型表示，達摩德仁教授和我們都不同意市場的看法。關鍵問題是：為什麼？簡單來講，我們都錯了。市場價格代表所有願意買賣股票人的加權平均觀點：是什麼讓我們認為自己的觀點更準確？任何一個認為市場對證券定價錯誤的投資者，都存在這個問題。

就特斯拉而言，我們認為這是一家汽車公司。我們建立了詳細的財務模型，假設特斯拉公司能夠非常快速的增長，並維持與保時捷一樣的利潤率。但是儘管做了這些預測，根據DCF模型，我們從來沒有得出超過200美元的價值。我們的結論是，市場顯然不相信特斯拉僅僅是一家汽車公司，市場認為它是一家將改變世界的「技術能源公司」，電動汽車只是一個開端。雖然我們知道特斯拉擁有太陽能發電企業「太陽城」，但它的企業利潤率甚至低於汽車，而且競爭十分激烈。我們的初步結論是：市場對特斯拉的估值完全錯了。

上述問題還說明了DCF模型的另一個重要屬性：它們允許投資者以逆向思維思考市場結論。以亞馬遜公司為例，在討論固定成長模型時，我們注意到亞馬遜的本益比接近300，並在此基礎上得出結論：市場預期亞馬遜的收益將快速增長。這一結論本身是正確的，但並不具體。更好的方法是為亞馬遜建立一個DCF模型，然後計算出使模型價格等於市場價格時所需要的預期現金流水準。這就是我們在特斯拉公司案例中所做的，我們的結論是：市場對特斯拉公司的估值遠超過對一個汽車公司的估值。

根據DCF模型分析，我們決定在特斯拉公司的股票上尋求投資機會，但價格太高而非太低。此時應該採取什麼行動呢？利用定價過高的優勢有兩種基本方法：一種是賣空股票，另一種是交易衍生品。基本面分析既可以發現被低估的股票，也可

以發現被高估的股票，上述兩種方式可以幫助投資者從被高估的股票中獲利。

賣空

　　賣空者出售他們未持有的股票，他們從其他投資者那裡借入股票然後出售，在未來的某個時刻，當股價下跌時，賣空者會回購股票，並將其返還給貸款方。

　　例如，賣空者可以在特斯拉的股價為350美元時借入股票，在股價跌至250美元時回購，在把股票還給貸方之後，賣空者得到了100美元的利潤。

　　賣空是一件很複雜的事情。第一，可能很難借入這檔股票。當難以借入股票時，就要收取額外的借入費用。第二，賣空股票的投資者必須向貸款人支付所有和股票所有權有關的款項，如股息。第三，出借人可以隨時贖回股票。如果找不到新的借款人，賣空者可能被迫在不合適的時機回購股票。第四，賣空的潛在損失是無限的，因為股價可以一直上漲。第五，由於股票價格往往會上漲，為投資者提供正向的預期報酬，因此賣空者往往會賠錢，除非市場在合理的時間內意識到定價錯誤。出於上述原因，賣空並不適合膽小的投資者，而適合那些認為股價過高的投資者，對他們來說，賣空可能具有吸引力。在撰寫本書時，我們就持有特斯拉公司股票的空頭頭寸。

買入選擇權

衍生證券有數百種不同的類型。這裡我們只討論買入選擇權，它們可能是最廣為人知、交易最廣泛的期權。買入選擇權賦予持有人在預定時間內以固定價格購買證券的權利。對於這種權利，買入選擇權的買方支付給賣方（通常稱為「期權發行者」）的金額由市場上的期權價格決定，該費用為選擇權權利金。透過以下例子能更理解買入選擇權。

2017年8月，特斯拉公司的股價為350美元時，我們配售特斯拉公司的股票買入選擇權。這些期權讓買家有權在2018年1月18日之前，以350美元的價格購買特斯拉公司的股票。為此，期權買家透過公開期權市場機制向我們支付每股38美元的溢價。[3] 買入選擇權的持有者可以決定是否行使期權，可以看出如果股票不支付股息，就像特斯拉公司一樣，在期權到期之前行使期權永遠不會有收益。因此，配售期權的盈虧，可以透過2018年1月18日到期時特斯拉的股價來計算。如果當天特斯拉公司的股價低於350美元，我們能夠獲得38美元的利潤。如果該股收盤價在350～388美元之間，我們將不得不動用38美元中的一部分回購期權，但仍將獲利。期權價值為市場價格與合約價格的差額。例如，如果特斯拉公司1月18日

3　期權價格通常被稱為「期權溢價」，在這種情況下，它只是期權價格的另一種說法，與風險溢價無關。

的股價為380美元，則期權價值為30美元。若股價超過388美元，我們的虧損將隨著股價一美元一美元地上升。若行權時特斯拉公司的股價為450美元，那麼我們將損失62美元，或是配售期權獲得的38美元的163%。因此，出售無擔保選擇權是一種賣空行為，其收益要複雜得多。[4] 表5-4顯示出期權到期時的收益，它說明了期權的利潤是有限的，最高就是其價格，但損失可能無限。然而，潛在的大部分損失是可以抵消的。首先，賣出期權不包含借入股票，因此，尋找出借人並維持空頭頭寸的所有成本均不存在。此外，即使市場沒有發現自己的錯誤，賣方也可以透過賣出期權來賺取利潤。例如，表中顯示，若特斯拉公司的股價保持在350美元，期權到期時將一文不值，我們可以收取全部期權溢價。即使股票價格不下跌，也可以從空頭頭寸中獲利。當然，人們擔心的是，這檔股票的價格會更加被高估，此時損失非常大。這讓人想起華爾街的一句老話：「市場失去理性的時間，可能比你維持償付能力的時間還要長。」這句格言對期權賣方來說是一個很好的警示。

市場如何決定股票價格

　　基本估值與CAPM等資產定價模型相結合，構成了現代股市定價的基礎。首先，運用資產定價模型對風險調整後的收

4　賣出無保護期權代表賣出期權而不持有股票。

表5-4　特斯拉公司的期權到期支付

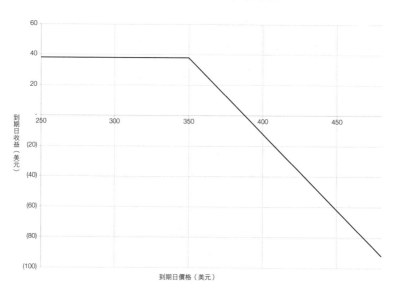

到期日價格（美元）

益進行評估。風險調整後的報酬率決定了貼現率。接下來，根據公式（5.4），預測公司的自由現金流並折現，以預估其基本價值。若市場價格低於基本價值，該理論預測投資者將購買股票。當他們購買股票時，價格會上漲，直到達到基本價值。如果股價過高，投資者就會避開或做空，直到股價跌至其基本價值。

　　雖然該機制在理論上是完全合理的，但在實際操作中還存在許多不足之處。例如，我們提過，金融學者經過50多年的研究，仍對資產定價模型的合理性有認知分歧。此外，一旦選

擇了資產定價模型（例如CAPM），Beta係數也會帶來很多誤差。這就意味著折現率的預估有很大的不確定性。對未來自由現金流的預估可能更加不精確。上文強調過，要充分了解一家企業，合理準確地預測其未來績效表現是很困難的。結果顯示，這種機制很難實際應用。出於這個原因，前美國財政部部長勞倫斯·薩默斯（Lawrence Summers）一直聲稱，股價在很長一段時間內可能與基本價值脫節。當然，正是這種可能性，為巴菲特等成熟的基本面投資者，提供了獲得更高風險調整報酬率的機會。

　　以下的比喻有助於思考股票價格和基本價值之間的關係。想像一名滑水運動員被綁在船上，綁住他的不是普通繩子，而是高空彈跳繩。船代表企業的基本價值，運動員代表股票價格。此時，運動員會落在船後面，繩索也會拉長。在某些情況下，繩索會收縮，運動員會越過小船。然而，從長遠來看，運動員偏離小船的距離是有限的。

　　運動員和船不能同時移動的原因是，公司的基本價值是未知的。由於存在不同情況，包括投資者的情緒及其對基本價值變化的預估，導致繩索的束縛和收縮。但是運動員離船的距離是有限的。市場可能不知道Google的實際基本價值，但知道它比Groupon團購平台的價值要高。

　　除了建立個人估值模型，基本面分析還可以用來逆轉市場對公司未來現金流的預期。對於特斯拉、Netflix、亞馬遜、

Google和Facebook等轉型公司來說，這種逆向思維尤其重要。人們很容易被這些公司將要做的事情的炒作給吸引，而忽略了事實：這些公司的前景並沒有在市場上消失。投資決策的關鍵不在於公司未來是否光明，而在於投資者眼中的公司是否比市場眼中的公司有更好的未來。回答這個問題的唯一客觀方法是建立一個估值模型，看看需要什麼樣的預期現金流才能產生當前的市場價格。如果你的預測更加可觀，那麼這檔股票就是潛在的購買對象。但也有可能，儘管你的預測顯示它增長迅速，但市場價格中被忽略的增長假設更為樂觀。例如，特斯拉就是這種情況。我們的模型預測了特斯拉的快速增長，但沒有股市預測的那麼快。儘管我們認同特斯拉是一家變革型公司，但還是賣空了該公司股票。

基本投資及多元化

　　基本投資有一個隱藏的成本（或者可以說是收益），就是它意味著持有一個不太多樣化的投資組合。相對於市場投資組合，主動的基本面投資者通常對於某些證券持有明顯過高的權重，就是那些被認為定價過低、權重過低的證券，甚至被認為定價過高的空頭股票。巴菲特持有的公開交易股票就是一個很好的例子。波克夏公司擁有的公開交易股票不到50家，超過一半的價值集中在不到10檔股票上。如果你能辨識出錯誤定

價的證券，那麼這種缺乏多樣化的做法就很有效，但如果你失敗了，就承擔了額外的風險，且不能獲得收益。此外，貝賽姆賓德教授還發現，幾乎所有的股市價值是由4%的上市股票創造的。相對於持有市場投資組合的被動投資者，持有有限數量股票、碰巧錯過這4%機會的投資者，其投資績效較差。

發現定價錯誤的股票

試圖使用基本分析來追求主動投資時，還會出現另一個問題。你分析過哪些公司？沒有人會告訴投資者：「注意這檔股票。」實際上，在競爭激烈的股市中，多數股票是公平定價的。這樣的情況下，若投資者的DCF分析做得很好，應該可以得出結論：股票定價是公平的。因此，投資者可能不得不分析幾十檔股票，才能發現其中一檔可能定價有誤。但這種分析既費時又費錢，相對於被動投資，這是主動投資的另一成本。

若錯誤定價變得「更糟」該怎麼辦？

假設你已經做了基本分析，發現一檔你認為被低估的股票，你買入該股票，且該股票不論是絕對價格還是相對市場的價格都下跌了，而你的估值模型不變，你會怎麼做？有兩種相反的選擇，它們取決於你對估值模型的信心。如果你像巴菲特

一樣對自己的模型有足夠信心及耐心，那麼就增加你的持股；
如果現在股票是錯誤定價的，那麼未來它將進一步被錯誤定
價，因此需要持有更多股份。另外，價格下跌表示你與市場的
意見不一致。這可能需要重新考慮之前的分析，並重視出錯的
可能性。此時，縮小頭寸規模是更好的選擇。最後，根據一句
古老的格言，如果你真的相信自己的頭寸，那麼「市場非理性
的持續時間可能比你償付能力持續的時間更長」，市場規模不
會大到你可以被迫提前平倉。以上這些都是主動投資者面臨的
棘手問題。

如何因應市場定價「過高」？

目前為止，我們一直專注於單個公司。但是，基本面分析
也可以用來分析股價的一般水準。像標普500指數這樣的指數
水準並不能傳達市場是「高」還是「低」的訊息，因為該指數
會隨著經濟的增長而持續增長。因此，該指數高於10年前這
一事實並沒有說明某一時間點的估值訊息。在這方面，估值比
率更適用。儘管價格和收益都會隨著時間的推移而增長，但兩
者的比例是有限的，因為從長遠來看，兩者的增長都不會快於
對方。

表5-5顯示了1926～2017年標普500指數的兩個本益比指
標。第一個是根據過去1年利潤計算的標準本益比，第二個是

2013年諾貝爾經濟學獎得主羅伯・席勒（Robert Shiller）提出的週期調整本益比（CAPE，又稱「席勒本益比」），該指標使用過去10年的平均利潤，而不是最近1年的利潤。透過觀察表5-5，就會明白席勒為何更青睞週期調整本益比。如果短期收益下降，但預期會回升，標準本益比將會飆升。該現象發生在金融危機期間，股價下跌，收益暴跌至接近零的水準。由於分母趨於零，標普500指數的本益比在2009年躍升至100多倍，遠遠超出正常範圍。而週期調整本益比透過對過去10年的收益進行平均，消除了這些異常現象的影響，更準確地描述了價格與收益之間的關係。

表5-5　過去1年的本益比和週期調整本益比（1926～2017年）

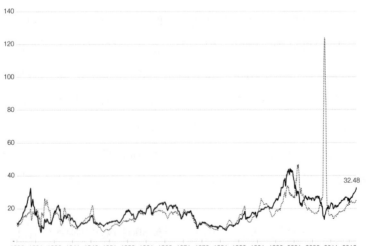

　　從表5-5可以看出，週期調整本益比的變動沒有規律，但不是恆定不變的。它的範圍從20世紀80年代初的10以下，到90年代末網路繁榮時期的40以上。值得注意的是，該指數曾經三次超過30，分別是1929年、網路繁榮時期和目前（2017年11月）。在前兩個時期，股價隨著週期調整本益比達到峰值而大幅下跌。這是否意味著現在的市場定價過高？這取決於週期調整本益比是保持不變，還是可以改變。此時應使用DCF分析。

　　雖然固定成長模型可能不適用於個股，但它適用於整個市場。從長遠來看，股票的總價值和總收益必須與國民經濟的增長率掛鉤。若股票價格和收益的增長速度快於整體經濟的增長速度，其最終收益將超過整個國內生產毛額（GDP，以下通稱「GDP」），但這是不可能的。在出現這種狀況前，經濟和政治力量就會限制在GDP中與收益增長有關的部分，像是薪資。歷史資料正好反應出這個現象，表5-6繪製了企業利潤在GDP中所占的百分比，經濟繁榮時該線上升，衰退時下降，且沒有盡頭。因此，從長遠來看，企業利潤和GDP必須以同樣的平均速度增長。

　　有鑑於上述情況，若目前經濟增長快於過去，就有可能解釋目前週期調整本益比升高的現象。不幸的是，情況恰恰相反。

表5-6　企業利潤占GDP的比例（1950～2016年）

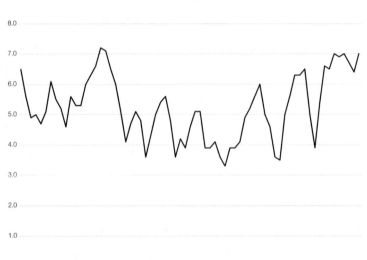

表5-7為第二次世界大戰至今每5年GDP的平均增長率。資料在經過5年的平均處理後更加平滑，也更容易發現趨勢。很明顯，增長率在過去20年中有所下降。此時，目前的週期調整本益比應該比過去低，而不是比過去高。

　　風險是一種更有希望的可能性。在風險和報酬的章節中，我們認為有證據顯示股票風險溢價在下降。這就表示公式（5.3）中的k值將下降，估值比率將上升。

　　綜合考慮增長率和風險，可以得出合理的結論：週期調整本益比的變化應該很小。但若週期調整本益比有一種趨於回歸

表5-7 每5年平均實際GDP增長率（1954～2016年）

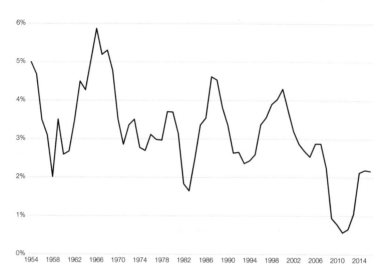

平均數的趨勢，這難道不能作為一種策略，在週期調整本益比較低時買進，在其較高時賣出，從而戰勝市場嗎？簡而言之，事實並非如此。若該策略真的能使投資者獲得更高的風險調整後報酬率，它早已被廣泛採用。席勒教授幾十年前就公開這一比率，所以這不是什麼祕密。但直接說「不」有點太過絕對。有證據顯示，從平均水準和長期角度來看，週期調整本益比具有預測能力。大量的學術和實際研究發現，在週期調整本益比較高時買入市場指數的投資者，未來10年的報酬率往往低於在週期調整本益比較低時買入的投資者。然而，考慮到股票報酬率的波動性，這一結論的可靠性很低。這種關係只是一種

趨勢，並不是絕對的。如果你理解前面提到的運動員和船的例子，週期調整本益比可以被視為高空彈跳繩索上的張力，當繩索鬆弛時（週期調整本益比很高），基本價值的增加對股票價格沒有什麼上行壓力，因為股價已經超過了「船」。

最後，週期調整本益比比率的部分可預測性，可能與風險溢價的變化有關。在經濟不景氣時，例如金融危機，人們會感到害怕，需要很高的風險溢價。因此，股票價格下跌，週期調整本益比比率將比較低，而預期的未來報酬率將比較高，以補償人們承受的風險。反之，在恐慌消退的繁榮時期，週期調整本益比比率將比較高，而預期報酬率將比較低。

儘管存在上述問題，週期調整本益比還是具有參考價值。當該指數遠高於歷史平均水準時，投資者應更加謹慎。目前形勢就是一個很好的例子。週期調整本益比超過30，對投資者來說是一個警示。[5] 接下來10年的平均股票報酬率會證明一切。

還有一種被廣泛使用的股市指標，通常被稱為「巴菲特指標」，因為巴菲特提倡使用這種指標。該指標是股市總市值與GDP之比。巴菲特指標不僅可以評估市場水準，還會給使用此類指標的投資者提示。

5　當然，到這本書出版時，讀者就會知道這個警告是否合理。有鑑於截至2017年11月的週期調整本益比水準，我們正在減少對市場的敞口。時間將會驗證一切。

　　表5-8中股票市值占GDP的比例，是使用美國聯準會1974
年年底至2016年年底的資料所繪製。乍看之下，巴菲特指數
似乎顯示股市正處於歷史高位，但在這之中包含一個警告：與
週期調整本益比比率不同，該資料被統計學家稱為「非穩定資
料」。解釋金融的歷史資料時，「穩定性」的定義十分重要，
我們將在第七章詳細介紹。目前它意味著巴菲特指標的趨勢。
使用Excel軟體繪製趨勢線可以看出這一點，趨勢線如表5-8的
虛線所示。相對於目前的趨勢，這一比率似乎並未失衡，但即
便如此，這也是一種誤導。美國聯準會在1974年年底開始報
告這一比率，當時正值惡性熊市結束。到2016年年底，市場

表5-8　股票市值占GDP的比例（1974～2016年）

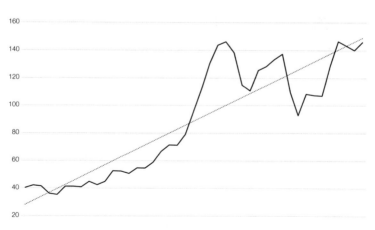

── 股票市值占GDP ⋯⋯⋯ 股票市值占GDP趨勢線

已進入強勁牛市的第7年。[6]從低點到高點的趨勢線會誇大斜率。此外還有一個問題就是，它不能無限期地持續下去。以GDP來衡量，股市估值顯然與經濟活動掛鉤。雖然這一比率可能會上升一段時間，但最終會有力量來阻止這一增長。這些力量究竟是什麼，以及它們將如何影響趨勢線，都很難確定。最終得出的結論是：巴菲特指標在一定程度上支持週期調整本益比的結論，即2017年年底的市場定價「過高」，但該結論大多受到該指數走勢計算方式的影響。這幾乎是所有市場指標都存在的問題，需要謹慎使用。

基礎投資分析的社會貢獻

你可能不會把試圖戰勝市場的基本面投資者，視為消防員或志工教師等有重要社會貢獻的人，但你錯了。即使是最自私、最以利潤為導向的投資者，也在履行一項關鍵的社會職能：決定如何分配稀缺資源。

我早年曾到蘇聯地區旅行，發現在巴黎或西柏林買的藍色牛仔褲，能以接近購買價格10倍的售價賣給當地人。當時蘇

---

6 「熊市」和「牛市」這兩個詞需要詳細解釋。「熊市」表示價格被觀察到下跌的時期，反之亦然。這些都是事後概念。這兩個詞都不應該被理解為具有預測能力。人們經常用「牛市」來表示價格已經上漲，而且有望繼續上漲。但支持這種觀點的證據很少。

聯的五年計畫之一是要在俄羅斯生產大量牛仔褲。這或許一點都不意外，對於不了解社會主義的俄羅斯官僚們來說，生產藍色牛仔褲是分配重大資源，更不用說他們的設計和行銷。由於稀缺，在華沙、布拉格和莫斯科等城市，擁有一條時尚前衛的牛仔褲成了身分的象徵，以至於牛仔褲的價格一路飆升。

生產製造藍色牛仔褲看起來似乎不是一個很重要的社會問題，那麼鋼鐵的生產呢？美國應該生產多少鋼鐵？依賴於進口的應該多少？這取決於市場對美國國內鋼鐵企業的估值。以零售業為例。與實體店面相比，應該投資多少在網路商店？亞馬遜公司股價的飆升，吸引了新的資本進入網路商店。

美國沒有五年計畫，美國可以依靠資本市場來回答上述問題。如果生產電動汽車對投資者來說是好計畫，這就表示投資者為電動汽車公司計算的DCF值較高，那麼電動汽車公司的股價會升高且可以吸引資本進入。如果香菸銷售被視為一項不斷下滑的業務，那麼煙草公司的股價就會下跌，公司市值也會縮水。當然，很多人對市場配置並不滿意。例如，有些人會說，與古典音樂相比，嘻哈音樂獲得的資金太多了。但這是因為它們的價值與反應在市場價格中的價值不一致。市場根據人們的實際行為分配資本，而不是根據他們認為在理論上應該採取的行為。

要使制度能夠合理配置資本，股票市場價格必須反應公司的合理價值。這就是基本面投資者的切入點。透過對企業進行

詳細研究，並根據對未來現金流的預測來評估企業股價，基本面投資者能推動股價往合理價值靠攏。此時，這些投資者在資本配置過程中扮演著核心角色，成為重要的推動者。

　　主動基本面投資者提供的社會效益，可能比他們獲得的私人效益大得多。夏普法則表示，只有在其他主動投資者表現較差的情況下，主動基本面投資者才能比被動投資者做得更好。若市場競爭非常激烈，且定價錯誤十分罕見，那麼主動基本面投資者將很難獲得高收益。此時，社會最終將成為他們試圖戰勝市場的主要受益方。

基本概念5 —————————————————

　　證券的價值，包括普通股，來自於證券產生的未來現金流。認識這一事實後，基本面分析就能根據對未來現金流的預測來評估證券價值。然後，可以透過比較證券的基本價值的估值和市場價格來做投資決策。雖然價格在短期內可能偏離基本價值，但理論上認為，從長期來看，它們將趨於一致。即使它們不一致，基本面投資者仍然受到保護，因為他們可以收到證券產生的現金流。

　　也可以藉由預測價格何時上漲、而不考慮基本面因素來做出投資決策。但在我們看來，這更多的是投機而不是投資。這是投資者在判斷是否有人明天會付出比今天更多的代價。這種判斷更常是出於心理學範疇，而不是金融領域。此外，預測別人明天將支付多大代價，可能會產生自我強化的泡沫，導致價格大幅度上漲，甚至更大幅度的下跌。

6

交易成本、
費用和稅金

　　投資的最終價值，由它對你的可消費財富貢獻多少來決定。這不僅要看證券或投資組合的最終價值增加了多少，還取決於投資者能保留多少增值。交易成本、費用和稅金的存在，都導致投資者不能獲得100%的增值。我們將依序分析每一個因素，在此之前，有必要先了解這些因素的重要性。

　　表6-1（a）為證券價格研究中心CRSP繪製的投資終值圖（在第一章出現過），若交易成本、費用和稅金分別將市場指數的報酬率降低1個百分點、2個百分點和3個百分點，那麼投資終值將會如何變動？表6-1（b）使用實際收益繪製投資終值圖。

表6-1（a）　1926～2017年成本對績效表現的影響：名目投資終值圖

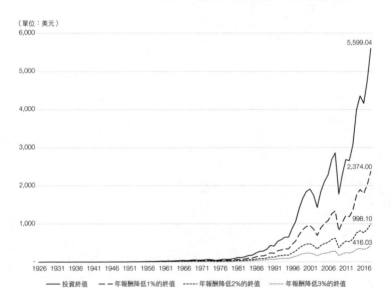

表6-1（b）　1926～2017年成本對績效表現的影響：實際投資終值圖

（單位：美元）

― 實際投資終值　－－ 年實際報酬降低1%的終值　‥‥‥ 年實際報酬降低2%的終值　……… 年實際報酬降低3%的終值

　　如圖所示，成本對投資終值的長期影響是很大的。原因在於，與高度波動的股票報酬率不同，成本會持續拖累股市。雖然在某一年，相對於市場變動，成本看起來可能很小，特別是在市場變動很大時，但經過幾十年的累積，它們的影響將成為績效表現的主要決定因素。就名目收益而言，隨著成本分別從0上升到1個百分點、2個百分點和3個百分點，投資終值從5,599美元下降到2,374美元、998美元，最終到416美元。實際報酬率也是如此。若不考慮成本因素，經通貨膨脹調整後的投資終值為406美元，但如果成本為3個百分點，投資終值則會跌至30美元。

　　顯然，投資者不能忽視成本對投資終值的影響，但投資者付出這些成本的代價並不總是顯而易見。例如，在交易小型股票時，最主要的成本不是支付給券商的費用——這些費用已被行業競爭和技術創新壓低，而是買賣價差的影響。然而，這種影響取決於交易的個別股票以及交易規模等因素。

　　由於成本會對長期投資績效產生重大影響，因此研究這三大類成本（交易成本、費用和稅金）的相關細節是有必要的。

交易成本

　　根據定義，交易成本與交易量成正比。交易水平通常用成交量來衡量。在股票市場上，年成交量等於股票交易總值除以一年內的平均市值。表6-2顯示了1975～2015年美國股市的成交量。如圖所示，交易量大幅增長，從1975年的20%增至2015年的160%，增長了8倍。這一增長的背後有兩個因素在共同起作用。首先，技術的發展使交易變得更簡單，併為算法交易打開了大門，在算法交易中，計算機能持續地在幾秒或更短時間內進行交易。其次，技術進步有助於大幅降低交易成本。成本下降反過來在一定程度上促進了成交量的上升。

　　換手率（周轉率）可以反應交易活動是否活絡。換手率達到200%（市場曾數次超過這個水準）意味著：平均每6個月投資者就會出售自己的全部投資組合，並以新的投資組合取而

表6-2 美國股市成交量百分比（1975～2015年）

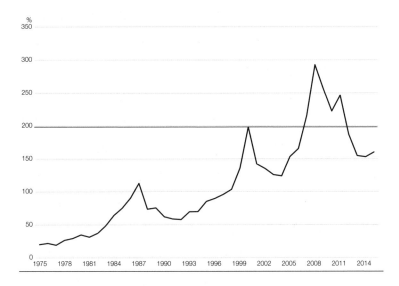

代之。顯然，這顯示市場中大部分參與者既不是被動投資者，
也不是基本面投資者。

你賣出一檔股票並買進另一檔股票時，需要支付兩筆交易
成本。如果市場有效，所有股價都是公平的，那麼最終你得到
的股票價值為市場的合理價格減去兩筆交易成本。交易越活
躍，交易成本對投資績效的影響就越大。

交易包含兩種成本：支付給交易所和券商的費用以及市場
買賣價差。券商和交易所之間的競爭明顯降低了費用。例如，
我們最近賣出了1萬股標普500指數的指數股票型基金，市值
為243.6萬美元。券商的費用是4.95美元，交易所的費用是

56.27美元。共計61.22美元，僅為交易價值的0.003%。

　　市場競爭和技術發展也降低了活躍交易證券的買賣價差。例如，交易時，指數股票型基金價差為243.61買盤對243.63賣盤，買盤比賣盤低0.008%。若券商能在買盤和賣盤之間進行交易，有效價差甚至會更低。但並非所有價差都像交易活躍的指數股票型基金那麼低，價差取決於證券價格和交易量等多個因素。不過，交易活躍的股票價差非常小。2017年12月，標普500指數成分股的平均買賣價差為0.042%。這種低價差既有好處也有壞處。好處在於交易成本很低，壞處在於低成本可能會刺激投資者過度交易，做出不明智的投資決策。

　　並非所有股票價差都如此之小。小公司（尤其處於財務困境）股票的價差要大得多。例如，Acusphere製藥廠是一家市值不足1億美元的小公司，其買賣價差超過25%。

　　除了活躍交易的股票，其他領域的買賣價差均有所上升。除了國債的交易價差與股票相差不多，債券的價差則更高，也更難以辨別。這大多是由異質性所導致。公司發行的所有股票都是相同的，了解特斯拉公司的股票就相當於了解所有股票。但其債券發行並非如此，每一期的債券都是獨一無二的，票息和期限均有所不同，最重要的是年資不同。年資決定了公司在被迫重組從而影響信用風險時，某一特定債券持有人的求償優先權。年資不同，同一公司發行的債券信用風險就會有顯著差異。或許正因為存在異質性，大部分債券交易都在不透明、不

活躍的市場上進行。許多債券長達數週沒有進行交易，因此很難辨別市場價格。為了保護自己不被價格的不確定影響，這些債券交易商報價時，都存在較大的買賣價差。

　　幸運的是，投資者沒有理由主動交易債券。正如在第三章指出的，高評級債券的相似之處在於，它們反應了一個核心因素——利率水準。這意味著投資者沒有理由用一種高評級債券替換另一種，因為兩種債券的表現類似。對低評級債券，垃圾債券之王米爾肯的分析是合理的。若投資者認為低評級債券定價過低，他可以購買並持有，從而獲得高票面利率，沒有必要等市場對錯誤定價做出反應進而以更高價格出售。最後，如果投資者希望根據對未來公司績效表現的預測來交易證券，那麼應該購買股票而不是債券。因為股票不僅買賣價差較小，且對公司財務績效的變化更加敏感。總而言之，債券是用來購買和持有的證券，不是用來交易的，因為交易會降低它們較高的買賣價差所產生的影響，成本則可以在持有期限內進行攤銷。

　　另一種降低持有債券成本的方法是購買低成本基金。正如在第二章中提到的，越來越多的投資者透過基金持有證券。基金是十分重要的金融中介，值得更加深入地探討。本書使用投資低評級債券的例子來說明，這些概念適用於所有類似的資產。

　　回顧一下，投資低評級債券的問題在於其異質性和非流動性。高昂的交易成本使其難以多樣化。所有的問題都可以透過

購買基金解決。基本思路很簡單，該基金購買大量的低評級債券組合，然後發行股票（或有限合夥權益），讓股東有權按比例獲得基金在扣除相關費用後的收入。投資者可以直接透過基金進行股票交易，也可以透過交易所買賣指數股票型基金來進出該基金。投資者對股票的買賣往往能相互抵消，因此基金不需要頻繁交易標的證券，從而大大降低了交易成本。就指數股票型基金而言，投資者不需要交易標的證券，只要透過證券交易所來交易股票基金。

　　基金是金融中介的一種。基金將數百檔低流動性債券轉換為高流動性的基金。這一過程並不罕見，幾個世紀以來，銀行基本上都這麼做：持有貸款等非流動性資產，發行高流動性存款。

　　銀行和基金的存在還解決了另一個問題——評估基礎證券。銀行在提供貸款時，需要評估借款人的信用價值。因此，儲蓄者不必親自評估貸款的品質。[1]主動管理基金，包括主動股票基金、避險基金和私募股權基金，我們將在後文探討，它們執行類似的資料處理服務。在這方面，它們與被動基金不同，被動基金僅僅是追蹤某些指數。然而，正如下面將提及的，此種資料處理服務並不便宜。

1　存款的安全不僅由銀行對貸款的分析來保證，而且還由許多規章制度和政府存款保險來保證。這是銀行獨一無二的地方。

例如，先鋒集團旗下的高收益公司基金持有524檔低評級債券，但其年費用率僅為0.23%。對低評級債券感興趣的個人投資者，該基金提供了一種流動性強、成本低、多樣化的持有方式。先鋒集團並不試圖確定它持有的債券定價是否合理。若投資者認為某些低評級債券定價有誤，那麼個人持有的債券就可以加入基本上是多元化的被動策略中。

除了債券，利差還會在其他領域進一步擴大。我們將在後續章節中討論包括房地產在內的另類投資。目前有兩點值得注意，首先，買賣價差較大的資產並不適合交易。因為來回買賣的成本可能相當於一整年的收益。其次，持有這些資產的最佳方式通常是購買基金。例如，在房地產業，房地產投資信託公司購買大量多樣化的房地產投資組合，然後將股票或合夥權益出售給投資者。總括來說，隨著指數股票型基金的興起，中介服務變得更有效率，持有基金已成為持有流動性較差資產的最佳方式。隨著金融技術的不斷進步，基金作為中介的作用可能會變得更加廣泛。剩下的問題是在被動基金和主動基金之間進行選擇。

管理投資基金及費用

從概念上看，管理基金的運作方式與被動基金相同。該基金持有證券組合，並對投資者發行股份（或合夥權益）。兩者

的區別在於，管理基金將投資選擇也納入提供的服務中。對於
這項服務，他們收取的費用遠遠大於被動基金，原因在於：為
了戰勝市場，管理基金的成交量要高於被動基金。

　　積極管理的股票基金（主要是共同基金、養老基金和指數
股票型基金）、避險基金和私募股權基金的區別，主要在於其
各自持有的投資類型和收取的費用。傳統股票基金主要持有普
通股。許多活躍股票基金的策略與我們在基礎投資一章中描述
的策略相似，但它有多種途徑。顯然，這是因為每個基金都有
獨特的投資決策。活躍的共同基金和養老基金的費用平均每年
約為1%（100個基點），但有可能低至25個基點，或高至150
個基點。根據美國證券交易委員會（SEC）的規定，共同基金
必須定期公布其持股情況。

　　「避險基金」最初是用來形容持有多頭和空頭額度的基金
經理人。如今，它代表持有幾乎所有資產的基金。避險基金通
常以一般或有限合夥的形式設立。在這種結構中，普通合夥人
對基金的運作負責，而有限合夥人可以對合夥企業進行投資，
只對實收的金額負責。為了被排除在美國證券交易委員會之
外，避險基金通常被限制不得擁有超過99名的有限合夥人。
這意味著大多數避險基金不適合小規模投資者。「基金中基
金」（funds of funds，又稱組合型基金）避開了這一限制。基金
中基金是在避險基金中持有有限合夥權益，並向最終投資者發
行的專業基金。普通合夥人的職責是行銷和管理基金，並在正

常業務過程中履行必要職能，包括聘用基金經理人和基金營運管理。由於被排除在美國證券交易委員會監管之外，避險基金與共同基金的訊息揭露要求不同，許多避險基金都非常保密。某些情況下，保密本身就成為一種行銷工具。可以這麼理解，如果你有一種祕密武器，就像許多避險基金經理人聲稱的，那麼你永遠不會洩露它。然而，這種保密使得衡量風險和評估避險基金的績效表現，變得更加困難。

　　避險基金的另一個特點在於收費規模。雖然費用結構各不相同，但最常見的是2／20，即管理資產的2%和利潤的20%。在這樣的收費水準上，你就能明白為什麼許多避險基金都祕而不宣了。為了證明合理的高收費，避險基金必須讓投資者相信，它可以在收費的基礎上充分戰勝市場，讓投資者在支付費用後享有豐厚的利潤。

　　私募股權基金是提供資金支援，對新創或營運公司的私募股權進行投資的專業化投資公司。與避險基金一樣，私募股權基金通常是普通或有限合夥制企業。實際上，私募股權基金可以被看作是專門投資私人公司的避險基金。私募股權基金收取的費用也與避險基金類似。

　　為了提高有限合夥人的潛在收益，避險基金和私募股權基金大量使用借來的資金。由於槓桿作用，成功的避險基金和私募股權基金的收益可能是驚人的——無論從哪個方面看。著名的避險基金——美國長期資本管理公司（Long-Term Capital

Management，LTCM），以積極使用槓桿而聞名。對每1美元股本，長期資本管理公司會借入近100美元來將其頭寸槓桿化。不幸的是，當市場對長期資本管理公司不利時，槓桿也成為其失敗的原因，最終導致公司破產。儘管有類似長期資本管理公司的經驗，但在基金收益十分可觀時，投資者還是會不顧高昂的費用而爭相投資。與潛在的100%收益相比，避險基金的費用顯得微不足道。學術研究發現，儘管短期績效對未來績效表現幾乎沒有預測能力，但資金是持續流動的，正如在第二章已經提及且將在下一章再次討論的。

　　約翰・保爾森（John Paulson）是一個典型的例子。2008年金融危機爆發之前，保爾森是一位默默無聞的避險基金經理人。他因在不動產抵押貸款證券（Mortgage-Backed Security，MBS）上做空大量高槓桿頭寸而聞名。危機爆發後，保爾森的基金獲利超過100億美元，個人獲利超過40億美元。他的事蹟轟動了投資界，他甚至成為暢銷書《大賣空》（*The Big Short*）的主角，這本書後來被拍成電影。過去的巨額利潤使投資者將大量資金投入保爾森的基金。不幸的是，金融危機後的5年，保爾森的基金報酬率大約為−65%。這個故事說明，成功的避險基金所報導的巨額收益是存在風險的。若歷史收益不能預測未來，那麼所有投資者都不必支付進行交易的成本和2／20的費用。

稅金

　　富裕的投資者的稅率高達50%，顯然稅收會影響稅後的投資績效。這使得稅收策略成為投資的重要部分之一。美國的稅法書有73,954頁，因此一本關於投資基礎概念的書很難準確描述此問題。但所有投資者都應記住兩個基本的稅務問題：收益和資本利得之間的區別、已實現和未實現的收益和損失之間的區別。

收益與資本利得

　　收益的稅率通常高於資本利得稅，這一事實與持有基金的投資者並不相關。對這類投資者來說，股息收益和資本利得之間的區別，取決於基金持有的股票以及基金管理部門如何進行交易。持有股票的投資者，可以直接選擇配發股息股票與不配發股息股票的比例，從而改變收益與資本利得的比例。這樣做可以減少繳納稅金，因為所得稅率高於資本利得稅率。

　　一些投資者可能會擔心，只持有非配發股息股票會降低總報酬率，但這種想法是錯誤的。記住，股票的預期報酬率取決於其風險，而不是在於是否支付股息。股票支付股息時，股價會隨著股息金額的下降而下降，此時股息所得會直接替代資本利得，且不會對總收益產生任何影響。然而，專注於投資支付股息或不支付股息的股票，確實會降低分散投資的成本。

　　除非債券是由免稅實體發行，否則利息收益按所得稅率納稅。與公司債券市場一樣，免稅債券市場具有高度異質性。在美國債券由州和地方政府、教育機構、公共工程項目以及其他數百個較小的免稅實體發行。免稅債券的評級包含了從AAA到瀕臨違約的債券。例如，我們撰寫本書時，波多黎各有720億美元的未償債券，其中沒有一個是可投資級別的。

　　與應稅債券情況相同，大多數免稅債券流動性不佳，交易（如果有的話）價差很高。因此，持有債券的最佳方式是購買基金，原因如前所述。先鋒集團長期免稅債券基金目前持有3,669檔債券，費用比率為0.09%。

　　是否持有應稅債券和免稅債券，取決於投資者的稅率與債券價格中抵押稅率的比較。例如，先鋒集團長期免稅債券基金目前報酬率為2.11%，而其長期公司債券基金的報酬率為4.06%。基於這兩個數值，盈虧平衡稅率為48%。除非投資者的邊際稅率高於48%（這是少數投資者支付的稅率），否則公司債券目前是更好的選擇。

　　稅金與通貨膨脹之間存在特殊的相互作用，因為稅金是依據名義美元計算，而不是實際美元。例如，考慮兩個不同的通貨膨脹環境。在第一個通貨膨脹環境中，實際利率為1%，通貨膨脹率為2%，因此名目利率為3.02%[2]，與目前高評級債券利

2　不是3%，因為存在複利。

率相同。在第二個通貨膨脹環境中，實際利率是1%，通貨膨脹率是5%，名目利率是6.05%。假定投資者按名目利息收入的30%納稅，投資者投資了100美元，在3.02%的利率下，期末名目金額為103.02美元，實際金額為101美元。然而，投資者要為3.02美元的名目收入納稅。30%的稅率是0.906美元。實際稅率為90.6%，投資者稅後實際收益小於0.1%。雖然實際收益很小，但至少為正。在第二種情況下，100美元的投資名目價值增長到106.5美元，但實際價值仍然是101美元。然而，投資者的稅金是6.05美元的30%或1.815美元。在繳納稅款之後，投資者的實際所得為99.185美元——比最初投資還要少。而實際稅率驚人地達到了181.5%！

計算利息收入很簡單，適用於所有人。名目總報酬率是結合實際報酬率和通貨膨脹率計算。稅金是按名目報酬率課徵的。通貨膨脹加速時，實際稅後收益很容易變成負值，因為投資者既要為實際收益繳稅，又要為名目報酬（即通膨補償）繳稅。抵消通貨膨脹導致影響稅金上升的一種方法是，持有非派息普通股等資產，這些資產以資本利得而非所得的形式提供收益，可以延遲收益的確認時間。

已實現與未實現的利得和損失

資本利得稅是在實現利得或損失時徵收的，而不在其產生時徵收。這讓我們可以透過實現損失和延遲收益而從選擇繳稅

時機來受益。繳稅時機選擇的另一個好處是，長期收益的稅率低於短期收益。因此，損失可以在短期內實現，而收益可以推遲到長期。

　　對持有單個證券而不是多元化基金的投資者來說，繳稅時機選擇更有價值。多元化基金的持有人，必須就基金內所有證券的淨資本利得繳稅。持有個人證券的投資者可以選擇出售哪些證券以及何時出售，甚至可以賣掉虧損股票，透過虧損來抵稅，然後回購。但是，若回購發生在出售後30天內，是不允許抵稅的，所以一定要等待時機。

　　儘管推遲資本利得可以抵消部分通貨膨脹稅的影響，但可能導致一些長期意外。假設你在通貨膨脹為5%時購買了一檔股票並持有20年，獲得5%的名目報酬率。儘管實際報酬率為零，但按名目價值計算，每投資100美元，就會增值至265.33美元。若出售股票，稅率為30%時，你將欠49.6美元的投資稅，而投資的實際價值並沒有改變。

　　我們在稅收問題上僅觸及皮毛。與資產價格的隨機變化不同，稅金和交易成本一樣，是投資者可以控制的。人們往往過度關注資產價格，因為價格的波動吸引了人們的注意力。但是，從長期來看，稅金、交易成本和費用同樣重要。

基本概念6

　　儘管資產價格的隨機波動超出投資者的控制範圍，但成本是可以控制的。仔細管理交易成本、費用和稅金是提高投資績效的必經之路。每年減少1%的成本對長期財富積累會產生重大影響。出於成本考量，投資者持有流動性較差的資產的最佳方式，是購買低成本的被動基金。

7

可以信任
歷史嗎？

　　媒體不斷地將當前的市場行為與歷史進行比較。但投資者究竟能從金融市場的歷史中學到什麼呢？這是一個很難回答的問題，它取決於三個關鍵概念：資料探勘、穩定性和模型設定。雖然讀者可能不熟悉這些概念，但關鍵是這三個概念，尤其是前兩個，都能解釋其他領域發生的隨機事件。

　　從第一章我們得出結論，認為股票報酬率中不存在可以戰勝市場的歷史模式。如果有的話，擁有最新電腦和軟體的老練投資者就會發現並利用它們，從而消滅它們。因此，如果歷史能為預測未來的資產價格提供一些線索，那麼這些線索就不可能是簡單明瞭的。這就是資料探勘、穩定性和模型設定的切入點。正確解釋歷史資料之前，必須考慮到這三個因素的潛在影響。了解其中原因的最好方法是從歷史股市收益中著名的、最具爭議的一個現象開始：小型股效應。

　　1981年，羅夫·班斯（Rolf Banz）在其博士論文提到一個有趣的現象。他所謂的「小型股」是指那些市值較小的公司股票，相對於1926～1981年CAPM的預測，這些股票產生了龐大的收益。這一結果十分驚人且具爭議性，引發了大量學者的深入研究。儘管如此，直到今天圍繞「小型股效應」的爭論仍在繼續。爭論的焦點是，如何解釋班斯及持有相同觀點的學者的研究結果。目前存在四種不同的解釋，其中三種包含一開始提及的概念。

　　第一種解釋：小型股效應是透過投資小資本公司股票，來

獲得更高的經風險調整後的報酬率。該解釋的支持者認為，行為或制度因素會建議投資者，包括成熟的機構投資者，不要購買小型股票。班斯的研究只是發現了一個一直存在的市場特性。根據這種解釋，小型股效應就像萬有引力定律一樣，是資產定價的一個持久特徵。

第二種解釋：小型股效應是風險度量不充分造成的。回顧關於風險和報酬的內容，大量學術研究顯示CAPM應用有限——除了市場，還有其他風險因子。若能恰當衡量風險，小公司風險可能高於平均水準。此時，就不存在小型股效應，只有風險與報酬的權衡。尤金·法瑪和他的同事肯尼斯·佛倫奇都認同這一觀點。在一篇被廣泛引用的學術論文中，法瑪教授和佛倫奇開發了一種資產定價模型，將公司規模作為一種風險因子。這並不奇怪，該模型預測不存在可以戰勝市場的市場異象，規模溢價只是一種風險溢價。根據這種解釋，班斯教授最初使用CAPM的研究存在模型設定的問題，若他使用了合適的模型，從一開始他就不會認為存在小型股效應。

第三種解釋：儘管小型股效應是班斯教授在研究期間發現的股票定價特徵，但如今這種效應已不再成立。這是一個非穩定性的例子。早期，小型股的平均報酬率高於市場平均水準，但市場發生了一些變化，導致這種效應消失。

該觀點支持者認為，一旦出現小型股效應，就會產生消除它的力量。首先，若小型股的定價相對於其風險來說持續偏低

（班斯的資料似乎暗示這一點），聰明的企業家就會在小型股效應存在時，創立旨在利用錯誤定價的投資公司。法瑪教授的兩名學生，雷克斯・辛克菲爾德（Rex Sinquefield）和大衛・布斯（David Booth）創立了Dimensional基金顧問公司，部分原因是為了利用小型股效應。Dimensional基金顧問公司在成立後的幾年裡，成為一家非常成功的公司，管理數千億美元的資產。[1]Dimensional基金顧問公司是該類型中最大的公司，但它並不是唯一試圖利用小型股效應的公司。根據第三種解釋，像Dimensional這樣的基金顧問公司，對小公司股票需求的增加推高了它們的價格，從而抵消了部分小型股效應。其次，若小公司資本成本較高（公司的資本成本是投資者的預期報酬），那麼透過合併小公司就可以憑空創造價值。把兩家小公司放在一起，簡單地組成一個集團而不改變它們的任何業務，就會得到一個更大的公司。你可能會認為合併成大公司是值得的，因為這並沒有改變任何業務，但若小型股效應存在，這就是錯誤的。因為在合併後，公司的規模擴大，小型股效應認為大公司的資本成本（貼現率）更低，貼現率的降低帶來了價值的增加，使得合併後的公司價值超過各部分的總和。若以此方式持續將小型企業合併為大型企業，可以不斷創造價值，然

1　大衛・布斯捐贈了3億美元給芝加哥大學布斯商學院（University of Chicago business school），現在這所大學以他的名字命名。

而，這一過程將增加對小型企業的需求並推高其價格，從而降低小型股效應。

第三種解釋的支持者聲稱，在抵消效應的作用下，小型股效應已經不存在了。可能你認為該觀點很容易得到驗證，班斯教授於1981年發表的研究中僅使用了美國資料。透過使用最近的和其他國家的資料，研究人員有可能確定小型股效應是否仍在持續。不幸的是，最新的國際資料模糊不清。近期研究顯示，若小型股效應依然存在，那麼它比班斯教授記錄的要小。小型股效應是否已經完全消失仍是具有爭議的問題。

第四種解釋：一開始就沒有小型股效應。即使是一連串的隨機數據也會有明顯的巧合。如果有足夠多的研究人員都研究相同的歷史資料庫，他們就會發現這些隨機波動引起、沒有任何經濟意義的巧合。它們只是資料探勘的產物。根據這種解釋，小型股效應只是一個特例。

請注意，第四種解釋和第三種解釋一樣，認為不應根據當前資料得出小型股效應是否存在的結論。基於非穩定性的觀點，世界已經改變，目前找不到小型股效應存在的證據。根據資料探勘的觀點，一開始就沒有真正的小型股效應。

在考量資料探勘、穩定性和模型設定這三個問題前，還有一個關於小型股效應的事情值得注意。在第六章中，我們提出，市值非常小的股票買賣價差較大。這使得計算小型股票的實際獲利變得困難。名目上的利潤實際上不一定能實現。

Dimensional基金顧問公司制定了複雜的交易程式，以降低小型股票的交易成本。然而，這些程式需要將Dimensional基金顧問公司的規模和市場做連結，而一般投資者無法獲得這些訊息。因此，即使還存在部分小型股效應，可能也只有像Dimensional基金顧問公司這樣的公司能夠發覺。

拋開對小型股交易成本的擔憂不談，三個問題中的任意一個，都讓解讀歷史金融資料變得十分困難。

資料探勘

隨機性是一個難以捉摸的概念。一般人認為隨機是沒有模式可循，舉例來說，人們想從隨機數字中得出一個隨機數列卻不可得，因為數列中沒有一個整數是重複的。但事實並非如此。諷刺的是，人們不懂如何從政府習以為常的腐敗中找出隨機數字的特性。為了隱藏腐敗的行為，政府官員有時會偽造經濟數字，為了避免假帳曝光，腐敗的官員們就需要使用隨機數字。那些最熟悉的策略就是聰明地使用了隨機數字產生機，或簡單寫下他們想到的隨機數字。當他們這麼做，他們就很難在偽造的資料中維持經常且夠用的模式，也因為他們不了解隨機性才導致自己的失敗。

圓周率是一個典型的隨機數。著名物理學家理查‧費曼（Richard Feynman）年輕時能一口氣說出圓周率的768位數

字，其中第763～768位為「999999」，然後說「以此類推」，接著大笑起來。他的笑話廣為人知，後人將圓周率的第763位稱為「費曼點」。當然，圓周率已經擴大到數兆的數字，仍沒有檢測到任何模式。但實際上，與任何隨機序列一樣，圓周率有明顯的模式。沒有這些模式，它就不是隨機的！

　　還有一個關於費曼的故事告訴我們，歷史是如何欺騙人們，在隨機事件中找到意義。費曼在房間裡讀書時，他有一種強烈的預感，他的祖母已經去世了。此時，有一個學生喊道：「費曼，你有個電話。」（當時麻省理工學院的宿舍只有一台電話。）費曼走向電話，他十分害怕即將聽到的內容。直到他聽到電話另一頭是學生的聲音，說他把書忘在教室裡。費曼心想，人們一定經常有這樣的預感。在大多數時候，沒有發生任何事，因預感沒有實現，所以它被遺忘了。但在極少數情況下，僅僅是偶然，預感就實現了。例如，如果電話另一頭說他祖母去世了，怎麼辦？極端的經歷和經常重複的事情會改變大多數人的認知。對費曼來說，預感的實現是資料探勘的一個例子。許多人有同樣的預感時，肯定會有一些驚人的巧合。金融市場也是如此。隨著大量研究人員進行的眾多研究，他們肯定會發現，各種明顯的市場異象與所謂的「以此類推」大相逕庭。

　　檢驗資料探勘的最佳方法是重複實驗。這是最常見的，例如在測試新藥時。若在幾個獨立的試驗中重複出現這種效應，那麼它就不太可能是資料探勘的產物。不幸的是，就金融市場

歷史而言，我們只能「看一次電影」。證券價格的歷史記錄只有一個。近一個世紀以來，美國有成千上萬檔股票的歷史資料，這是一把雙刃劍。大樣本增加了可執行的統計測試能力，但也增加了許多資料探勘發現的異象，我們需要的是一個新的資料庫。

最好的解決方案是再等一個世紀，讓自然提供一個新的資料庫。然而，這種選擇對目前的投資者沒有吸引力。更可行的辦法是使用迄今未經審查的國際資料。雖然樣本週期較短，研究對象較少，且資料通常不那麼清晰，但國際資料可以用來進行獨立的假設檢驗。問題是，隨著全球金融資料庫的爆炸式成長，未經審查的資料變得越來越少。

經濟學家坎貝爾‧哈維（Campbell Harvey）教授提出了一種替代方法，是使用更高的標準來確定投資異象真的存在，而不是隨機波動。對異象的標準統計檢驗，假設了正在進行的研究是唯一相關的研究，但若有數百名研究人員和投資者進行了數千項研究，顯然違反這一標準。問題在於，使用更高的標準也不能完全解決問題。探勘出的資料結果不斷克服障礙，進而引起更多學者的關注。

非穩定性

暫且不考慮數學術語，從形式上看，穩定隨機過程的聯合

機率分布不會隨著時間的推移而改變。因此，平均數和變異數等參數（如果它們是相關的）也不會隨時間而改變。不能將非穩定與不可預測混淆。所有隨機過程都是不可預測的。但若該過程是不穩定的，就不能準確預估隨機分布的參數。

對沒有研究過統計學的人來說，專業術語沒有任何意義。非穩定性是十分重要的，是不能被忽略的問題。幸運的是，有一種更直觀的方式來描述穩定性。

假設罐子中裝有紅、白、藍三種球。搖動罐子，任意拿出一個球，記錄它的顏色。然後把球放回罐子裡，重複上述過程。雖然不知道每次記錄的球是什麼顏色，但三種顏色出現的機率是相同的。第一次和第十次或第二十次沒有區別，每一次實驗實際上是相同的，這就是穩定過程的含義。

據我們所知，上文討論的圓周率的數字序列是一個穩定過程。這和把1～9號的球放在一個罐子裡、反覆記錄出現的球相類似。記錄的數字序列是隨機的，但是選擇數字的過程是固定的。

若在實驗中，第二個罐子突然被放入了不同組合的球。如果下一次記錄的球來自第二個罐子，那麼與第一個罐子的情況不同，機率不再是確定的。隨機過程的性質已經改變了，它不再是穩定的。

如果只有兩個罐子，就存在有限的非穩定性。透過簡單地重新定義記錄取球的過程，會出現一個新的固定過程，其中包

含兩個步驟：第一步，隨機選擇兩個罐子中的一個。第二步，從選擇的罐子裡抽出一個球。只要遵循上述兩個步驟，雖然較複雜，但也是一個穩定的過程。在某些情況下，可能需要這種更複雜的穩定過程。

罐子與球的比喻，對理解不同程度的非穩定性十分有用。其中有幾個重要問題：有多少個罐子？從哪個罐子裡把球取出來？每個罐子裡球的分布是什麼？考慮一個極端情況，有很多罐子，裡面的東西未知，選擇罐子的機率未知，且可能隨著時間而改變。這種極限情況我們稱之為「基本非穩定性」。儘管這是一個極端的例子，但我們認為，這是投資者每天都要面臨的問題。在投資領域中，非穩定性並不罕見，是市場的常態。若事實如此，我們從市場歷史中學到的東西是有限的。

非穩定性和小型股效應

描述股票收益的隨機過程時，最重要的參數是其平均值。均值的變化代表過程是非穩定的。這表示歷史資料的均值不能可靠地預測未來報酬率。對小型股效應的第三種解釋提出了均值在變化的觀點。早期，在班斯教授進行研究時，均值是十分重要的。發現這種效應後，利用該效應進行套利的企業（例如Dimensional基金顧問公司）以及中小企業整合併購行為層出不窮，進而導致均值的下降。因此，班斯教授報告的歷史結果，不能作為小型股未來平均收益的預測指標。

非穩定性比小型股效應更加普遍。它可能會影響金融市場的各個方面。以德國為例。20世紀初，德國是一個君主制國家，也是世界上最富有的國家之一。它在第一次世界大戰中慘敗。在戰爭結束後的幾年裡，威瑪共和國在高額戰爭賠款、經濟蕭條和通貨膨脹的重壓下崩潰，希特勒和納粹隨之崛起，這導致了另一場災難性戰爭。1990年後，德國成為歐洲經濟最強大的國家。要說金融資產收益的變化是由隨機事件所造成，與重大社會變化無關，顯然是荒謬的。

德國可能是一個極端的例子，但世界各國正不斷經歷著幾乎肯定會影響金融市場行為的經濟變革。這就是我們認為證券價格本質上是非穩定的原因。如果我們是正確的，那麼任何試圖以歷史市場價格來預測未來的行為，都要謹慎思慮。

國家層面上適用的，微觀層面上亦如此。例如，在公司的整個生命週期中，蘋果公司一直被稱為蘋果公司，但該公司已經多次自我重塑。[2]在過去30年中，蘋果公司從一家個人電腦新創企業轉型為全球消費產品和服務龍頭，儘管在此過程中曾數次面臨破產。可以想像，蘋果公司仍將處於不斷轉型的過程，股價依然繼續保持原來的波動狀態，但若投資者認為蘋果公司的巨大演變對預期報酬和預期風險沒有影響，那是很傻的想法。

2　客觀來講，蘋果公司最初的名字是蘋果電腦公司（Apple Computer），縮寫為蘋果公司（Apple），因為其他設備（實際上是電腦）成為公司主要的收入來源。在它的整個生命週期中，通常被稱為「蘋果公司」。

模型設定

　　本書一開始曾提到，「戰勝市場」的定義是獲得比市場投資組合更高的（經風險調整後的）報酬率。因此，決定投資績效表現是否良好取決於衡量風險的模型。班斯教授研究結果的第二種解釋是，使用了不恰當的模型（即CAPM）來衡量風險。若採用更適當的模型，例如法瑪─佛倫奇三因子模型，小型股票經風險調整後的報酬率會與市場一致，因為其實際風險大於CAPM所暗含的風險。

　　解釋小型股效應的模型設定並非特例，投資者和學術研究人員一直在尋找可以用來戰勝市場的資產價格「異象」，其包括低變異數效應、價值效應、預估Beta、一月效應等。對這些異象進行解釋時，模型設定引發了爭議。記住，學術研究人員聲稱已經發現了316種不同的風險因子。根據模型中選擇的風險因子，某個效應（如低變異數效應）可以被解釋為一種戰勝市場的異象，也可以解釋為一種風險溢價。目前，許多異象仍未解決。

交互作用

　　在小型股效應的例子中，我們把「資料探勘」、「非穩定性」和「模型設定錯誤」這三個問題當作獨立的問題來處理。

實際上，它們通常會相互影響。資料探勘可能是班斯教授最初研究時發現存在小型股效應的原因之一。隨著套利行為的出現，非穩定性也產生了影響。最後，由於 CAPM 未能提供合適的衡量風險標準，小型股效應可能被誇大。正是這三個問題的相互作用，使得歷史金融資料難以解釋。

Smart Beta 和因子溢價

我們注意到，若規模與風險有關，那麼規模效應可能是一種風險溢價。即便如此，也可能有投資者願意承擔投資小公司股票的風險，以取得風險溢價。在這方面，企業規模並不是特例。每一個潛在的風險因子都有其對應的風險溢價。試圖取得這些溢價的策略被稱為「Smart Beta」，因為每個風險因子都有一個 Beta 值，越來越多的機構投資者採用 Smart Beta 策略，試圖透過取得風險溢價來提高投資績效。投資者藉由計算歷史平均水準來決定利用哪些風險溢價，這就產生了一個問題，即歷史溢價資料是否能合理預測未來溢價。永遠記住，研究人員對風險因子進行了長達數十年的研究，這顯示資料探勘可能是一個嚴重的問題。同樣未知的是，這些被發現的因子是持續存在，還是過去某個時期的短暫特徵。換句話說，非穩定性也是一個問題。例如，阿諾特（Arnott）、貝克（Beck）、卡列斯尼克（Kalesnick）和韋斯特（West）的研究顯示，因子溢價並

不是真正的風險溢價,而是具有這些因子的股票價格上漲的產物。在本書撰寫時,這些問題還未解決,這進一步說明了歷史金融資料是多麼難以解釋。

評估投資管理者的績效

或許歷史資料最常見的用途是,評估基金經理人的績效表現。投資者經常忽略的是,由於資產價格的隨機波動,即使存在出色的績效表現,也可能難以辨識。以簡單的思維實驗為例:有兩枚硬幣,一個50%的機率出現正面,另一個60%的機率出現正面。給投資者其中一枚硬幣,請問拋擲多少次,才能有95%的機率出現正面?對此,傳統答案是拋擲10~50次,而實際答案是拋擲143次。

幾乎所有的最終資產持有者,從共同基金到養老基金,再到主權財富基金,都雇用專業經理人為他們做出投資決策。因此,他們必須決定如何評估、何時聘用或解雇投資經理。學術研究顯示,機構投資者做出決定時,注意的是近期相對於基準的表現。例如,管理美國大型股的多數職業經理人會以標普500指數為法定基準,若基金經理人在評估期間相對於標普500指數產生了超額收益,那麼其表現將被視為優於大盤,評估期通常為3年。那些在基準測試中表現特別差的經理人會被解雇,並被表現特別好的經理取代。拋硬幣只是一個很小的例

子。僅根據36個月的績效表現，很難有信心得出準確的結論。

　　拋開小樣本問題不談，有兩個根本原因可以解釋，為什麼3年內一位經理人可能比另一位表現更好。首先是個人技能。以技術嫻熟的高爾夫球手（即使在他傷病之後）為例。若鄉村俱樂部成員與老虎隊競爭18洞，幾乎每次的結果都相同。同樣，一位經理人可能比另一位經理人更有技巧，因此在大多數情況下表現得更好。其次是運氣。不同管理者採用不同的策略。一個可能聚焦於科技公司，而另一個主要購買價值型的股票。若在某個特定時期，例如2017年，科技股表現特別好，那麼第一位經理人會表現得更好。但這僅僅是因為他採取的策略是由於偶發事件的發生才運作良好，不是因為他擁有特殊技能。

　　想要知道機構投資者選拔經理人的能力是否好，有一個方法可以用來檢驗，將被聘用的經理人與隨後3年被解雇的經理人績效進行比較。若成功的經理人更有技巧，那麼該技巧在未來同樣會奏效。然而，若他們的成功是偶然，那麼在接下來一段時間裡，他們不太可能比其他基金經理人表現得更好。在一項全面的研究中，康乃爾、許（Hsu）和納尼吉亞（Nanigian）三位發現了一些有趣的事情，被解雇的經理人比被聘用的經理人表現要好。這一差異並不顯著，但在20多年的時間裡，數百名經理人的平均表現，在統計學上明顯證明了這一點，為什麼會如此呢？即使在一個有效的市場中，過去的贏家不應該表現不佳。

　　答案是，有證據顯示，股價正在回歸平均數水準。平均數回歸意味著，過去大幅上漲的股票，其未來表現往往會比下跌的股票略差，反之亦然。這種影響並不顯著，但在分析大數據資料庫時可以看出。這種平均回歸解釋了康乃爾、許和納尼吉亞發現的結果。被解雇的基金經理人所持有的股票在評估期間表現不佳，由於平均數回歸，這些股票在隨後的時期往往表現稍好。對持有表現良好股票的經理人來說，情況正好相反。令人諷刺的是，在某種程度上，歷史不代表未來，過去表現良好的基金經理人在未來反而要避開他，由此說明，錯誤解讀歷史金融資料是非常危險的。

美國總統的政治和股市

　　用最後一個例子來結束這一章：美國總統的政治與股市之間的關係。這個例子是金融媒體經常報導的內容。事實證明，美國民主黨執政時期，股市的平均超額報酬率遠高於共和黨執政時期。美國芝加哥大學盧博斯・帕斯特（Lubos Pastor）和彼得羅・韋羅內西（Pietro Veronesi）教授的一項詳細研究報告稱，在1925～2015年，民主黨時期的平均超額報酬率為每年10.7%，而共和黨時期的年均報酬率為－0.2%。每年幾乎都存在11%的差異，在經濟和統計上都十分顯著。這顯然引出了一個問題：是民主黨政府對股市產生了良好的影響嗎？還是僅僅

是資料探勘的結果？

這是可以利用國際資料進行檢驗的完美假設。美國的股價和政治之間的關係不是獨一無二的。若左傾政黨執政期間的市場表現優於右傾政黨，那麼在其他國家應該也會出現相同現象。隨後，阿諾特、康乃爾和卡列斯尼克研究了澳洲、加拿大、德國、法國和英國的執政黨與股市收益之間是否存在關係。之所以選擇這些國家，是因為它們的股市較發達，且過去幾十年裡都經歷了左傾和右傾政黨之間政治控制的變化。作者發現，除美國以外的地區，執政黨和股市報酬率之間沒有顯著的連結。事實上，結果顯示右傾政黨執政時的國際股市表現稍好，但在統計上並不顯著。

有鑑於這些發現，阿諾特、康乃爾和卡列斯尼克仔細研究了美國的資料。他們發現，在民主黨和共和黨總統任期內，有兩大事件造成收益上的差異。具體來說，共和黨在1929年和2008年的兩次金融和經濟大崩潰期間執政，而民主黨則是在隨後的經濟復甦期間執政。這並不令人意外，若任職順序顛倒，影響也會隨之顛倒。這說明了，美國的現象是偶發事件和資料探勘結合的結果。

上述的例子說明了，不要在歷史金融資料中尋找特定模式，即使是那些在經濟和統計上顯著的模式，都不能只流於表面。資料探勘、非穩定性和模型設定的問題十分重要，它們可能會讓看起來就很好的結果更加好得令人難以置信。

基本概念 7

　　當哲學家黑格爾說，「人類從歷史中得到的唯一經驗，就是我們沒有從歷史中得到過經驗」，他可能已經想到了投資。投資的第 7 個基本概念是：歷史財務資料對未來財務績效的影響是複雜且微妙的。由於存在資料探勘、非穩定性和模型設定等問題，很難得出結論認為：過去戰勝市場的策略在未來仍適用。

8

可以利用
異象嗎？

　　讓我們回顧一下標準的「理性」金融模型是什麼，然後再探討行為金融學認為它有什麼問題。金融模型通常會假設投資者追逐可消費財富效用的最大化。這種效用總是隨著財富的增加而增加，但增加的速度卻是遞減的。事實是，每增加1美元，增加的效用都比上1美元低，這是風險規避的基礎。風險規避推動了理性資產定價模型的出現。此外，投資者被認為是理性的，他們追求效用最大化，不會屈服於恐懼和貪婪。

　　從表面上看來，大多數人認為傳統模型是錯誤的。有誰能在股市崩盤時不恐懼呢？過去20年裡，行為金融學飛速發展，學者們嘗試開發行為模型以避免效用最大化假設、且能更貼合實際情況。這種努力並沒有被忽視。三位諾貝爾經濟學獎得主赫伯特・賽門（Herbert Simon）、丹尼爾・康納曼（Daniel Kahneman）和理查・塞勒（Richard Thaler）皆是行為經濟領域的領導人物，他們提供了與理性假設相悖的證據。但個人偏離理性的行為並不意味著戰勝市場。畢竟，塞勒不是億萬富翁。從投資的角度來看，問題不在於人們的日常行為是否偏離理性效用的最大化，而在於這些偏離理性的行為是否會導致市場異常，從而被辨識出來並加以利用，以獲得更高的收益。

　　我們現正持續前進中，靠著行為金融學快速發展的貢獻站穩了第一步，引用俄國大文豪托爾斯泰在《安娜・卡列尼娜》中說的：「所有幸福的家庭都是相似的，不幸的家庭各有各的

不幸。」傳統模式中所有投資者都是一樣的，都是理性效用最大化者。在行為金融學中，投資者有各式各樣的非理性表現，每個投資者都各不相同。因此，我們先來了解行為主義者提出的一些偏離理性效用最大化的行為類型。

潛在投資者的偏見類型

行為主義者經常把導致行為偏離理性效用最大化的錯誤和偏見分為兩類：認知錯誤和情感偏見。認知錯誤與赫伯特·賽門的有限理性概念有關。由於人們存在智力、訊息和概念上的局限性，因此他們依賴於啟發和經驗，這些往往與統計或數學分析不同。情感偏差是由於態度、情感和傾向，與可消費財富效用的理性計算不一致而產生。我們依序來考慮每種類別，但我們的分類並非詳盡無遺。我們重點聚焦在研究論文中經常分析的錯誤和偏見，此外，還提供了一些錯誤或偏見如何影響投資行為的例子。

認知錯誤

保守性偏誤和反應不足

行為金融學認為，做出投資決策需要投入時間和精力。實

驗顯示，人們在做出決定之後，會對自己最初的觀點產生興趣，堅持最初的想法，而沒有充分吸收與自己的決定不一致的新訊息。這就是保守性偏誤。表現出保守主義傾向的投資者可能對新訊息反應不足，導致他們比理性投資者持有頭寸的時間更長。例如，一個購買股票的投資者可能對新的負面訊息關注不足。

確認性偏誤

心理學研究顯示，人們往往會注意到且更容易接受那些證實先前觀點的訊息。理論認為，原因是：與矛盾資訊相比，驗證性資訊更容易在認知上被人們處理。因此，根據行為金融學理論，個人可能會過度重視符合自己觀點的證據，忽略或修改不符合自己觀點的證據。有人認為，確認性偏誤導致投資者在有限數量的證券中持有大量頭寸，而不是分散投資。

代表性偏誤

和確認性偏誤一樣，代表性偏誤也是一種信念堅持性偏誤。該觀點認為，人們有一種傾向，即以過去的經歷和思想為參照系，將資訊分類。面對新資訊時，他們通常使用「最佳擬合」的方式，把近似的新資訊放入同個類別中。這種方式可以簡化並加速人類的資訊處理過程。但在現實世界中，新資訊不一定適合個性化的類別，因此可能會被錯誤地納入其中。行為

金融學認為，代表性偏誤會導致投資者不願面對處理複雜資料所需要的精力和時間，而依賴簡單的分類。這些簡單的分類可能導致出現不合適的投資組合。

後見之明偏誤

心理學已經證實，人類記憶不能準確地記錄過去。相反，人們傾向於用他們更願意相信的東西來「填補」過去的空白。其中一個觀點是，人們回顧一個事件或投資決策時，會認為它比當時的實際情況更容易預測。例如，在2001年科技股崩盤後，許多投資者聲稱知道科技股估值過高。此時，投資者會產生錯誤的信心，低估投資風險。

錨定與調整偏誤

錨定與調整偏誤是處理資訊偏誤，是由人類大腦估算機率的方式所產生。該理論認為：在處理機率時，人腦與電腦不同。人們經常利用啟發或經驗來估算結果的可能性。該過程從一個起點或「錨」開始。以投資者購買證券的價格為例，對純粹理性的投資者來說，錨不應該是獨一無二的。然而，根據這一理論，人們往往給予這些錨特殊的權重。類似於保守性偏誤，這可能會導致投資者減持股票，且由於對錨的過分強調，導致無法對新資訊做出適當的調整。

框定偏誤

　　舉例來說明框定偏誤，假設你正在考慮接受一份新工作，一個雇主說「30%的新員工在到職第一年就能加薪」，而另一個雇主說「70%的新員工在到職第一年不會有任何加薪」。儘管這兩種說法在數學上是相等的，但框定偏誤理論認為人們的反應會不同。若該理論成立，投資決策可能取決於投資訊息的建立方式。

情感偏見

虧損厭惡偏見

　　1979年，康納曼和特沃斯基（Tversky）教授的研究發現，損失帶來的痛苦在感受上大於同等獲利帶來的快樂。一般認為，效用只取決於財富的絕對水準，與達到方式無關。事實是，假設一人初始投資2,000美元，而另一個人的投資是500美元，當兩人最終均持有1,000美元時，兩者的效用可能是完全不同的。虧損厭惡偏見導致投資者在虧損時，選擇繼續持有以避免損失成為事實，而獲利時，投資者往往會有傾向及早落袋為安、保住獲利的心態。這與投資者對於繳稅時機應採取的理性行為相違背。

過度自信

過度自信是行為金融經濟學家最先提出的情感偏見之一。過度自信的一個表現是，人們在估計機率方面做得很差，但仍然相信自己做得很好。因此，他們不能正確地評估投資風險。另一個表現是，沒有意識到每一筆交易都有對手方，他可能比你更了解情況。最終，過度自信會導致投資者錯誤地認為，自己能識別出定價錯誤的證券，從而導致多元化投資失敗。

自我控制偏差

自我控制偏差是指，人們由於缺乏自律而無法正確地追求長期目標。行為主義者提供的例子是，隨著時間的推移，許多人不能合理分配財富，尤其是不能為退休儲蓄足夠資金。

現狀偏見

現狀偏見會導致人們對不斷變化的環境無動於衷，例如，無法對證券價格隨時間變化的影響做出反應。原本分散良好的投資組合，隨著時間的推移，若少數證券價格大幅上漲，多元化可能會遭到破壞。存有現狀偏見的投資者會繼續持有原有的投資組合，不會為了多元化投資而重新配置組合。

稟賦偏差

　　投資者持有某項資產的價值高於不持有時，就會產生稟賦偏差。有稟賦偏差的人違反了理性原則，即一個人願意為一件商品支付的價格應等於他願意以什麼價格出售它。稟賦偏差會導致人們無法意識到損失，無法利用繳稅時機，無法重新配置投資組合，無法妥善管理風險。

行為金融學與市場定價

　　第二章中，我們介紹了兩個關鍵的投資概念：夏普法則和效率市場假說。如果加上非理性行為的可能性，那麼我們自然會對其產生的影響感到疑惑。首先，行為金融學對夏普法則沒有任何影響，這聽上去很奇怪，但夏普法則沒有任何關於投資者行為的假設，它完全基於所有證券被投資者持有的這個前提。這一結論適用於任何市場，無論參與者多麼不理性。此外，夏普法則的含義保持不變。無論非理性的程度如何，被動投資者作為一個群體，其表現都優於主動投資者，而個人主動投資者的表現只能以犧牲其他主動投資者為代價。

　　行為金融學是對效率市場假說的攻擊。事實上，這一領域的發展源於早期的研究，這些研究試圖解釋與市場效率不一致的股價異常現象。關於這方面最早的傑出論文之一，是沃納·

德邦特（Werner F. M. DeBondt）和塞勒的著作。他們發現，如果按照歷史收益對股票進行排名，贏家往往表現不佳，而輸家則相反。德邦特和塞勒把這些與市場效率不一致的逆轉，歸因於投資者的過度反應。他們認為，在產生預期時，投資者過於看重公司過去的表現。這種過於看重過往績效表現的傾向，與上述討論的幾種偏見是一致的。

在評估類似於德邦特和塞勒研究結果的可靠性時，首要的問題是確認市場異象是否真實存在。就像尋找風險因子一樣，行為金融學的興起掀起了一陣探索「異象」的浪潮。正如在第七章提到的，即使在隨機資料庫中，透過資料探勘也一定會發現某種異象。記住，有效率的市場並不等同於完美的市場。在某些環境下，結果會優於市場預期，也有可能比預期差。這並非異象——只是資產定價中不可預測的隨機干擾因素作用下的結果。

這是法瑪教授對行為金融學早期研究的尖銳回應。法瑪和大文豪列夫‧托爾斯泰共同點出，行為偏誤和相關異象確實存在某種關聯。有些是對預測反應過度，有些則是反應不足。法瑪教授發現，從整體上看，預測異象通常是矛盾的。例如，德邦特和塞勒把輸贏異象解釋為反應過度，但也有其他行為研究發現，這種異象可以解釋為反應不足。行為主義者如何確定投資者何時反應過度，何時反應不足？所有投資者在市場中表現出的錯誤和偏差的相互作用，由此形成的市場價格產生的淨影

響是什麼？法瑪教授認為有證據顯示這些淨影響是微弱的。

　　法瑪教授還發現，儘管設計出的行為模型可以解釋特定異象，但它們不能解釋其他異象，這就說明異象是資料探勘的產物。法瑪教授進一步指出，特定異象對於最初用於確定該異象是否存在的模型具有高度敏感。這也是在第七章討論的模型設定錯誤的問題。法瑪教授觀察到，若估算超額收益模型中變數的輕微改變都會導致異象消失，那麼該異象不一定真實存在，很可能是一種錯覺。他提供的證據顯示情況確實如此。

　　同時考慮這些問題時，行為金融學只告訴投資者，市場可能不像教科書理論說的那麼有效，因為個人投資者容易受到行為錯誤和偏見的影響。至於行為金融學對錯誤定價有什麼意義，還尚未得知。「錯誤和偏見影響市場價格」這一假說的最後一個問題是，現代金融市場是由機構而不是由個人主導。除非這些機構表現出與個人投資者相同的錯誤和偏見，或者存在某些限制阻止它們透過套利來消除個人投資者造成的偏見，否則幾乎沒有理由相信，市場價格會受到顯著影響。

個體與機構

　　所有行為主義者提出的偏離理性效用最大化的行為，都適用於個人層面。那些發現非理性行為的實驗，如康納曼、特沃斯基和塞勒的經典研究中，一般是以大學生為研究對象。而有

關行為錯誤和影響市場價格的偏誤，一定產生於個人主動投資者的投資決策。個人被動投資者不會受到影響，因為他們被動地持有市場投資組合。但正如我們看到的，主動個人投資者對金融市場的影響越來越小。

至於經驗豐富的機構投資者，沒有理由相信他們會表現出與個人同樣的錯誤和偏差。首先，這些組織旨在盡可能有效地辨識和利用錯誤定價。他們不依賴於個人反應，而是制訂了包含系統分析、交叉檢查和群體決策在內的程式。上文中列出的偏誤可能在組織內自我消除，至少在一定程度上是如此。例如，合作夥伴中的一人認為特斯拉公司的估值過高，而另一人堅信其估值過低。此時，第三人可能以一種方式制訂投資決策，而第四人可能以另一種方式制訂投資決策。在進行投資決策的會議上，即使偏差產生的影響沒有完全消除，也會得到討論和改善。此外，機構越來越依賴電子交易演算法。很多情況下，這些演算法是專門設計用來識別和利用「由於主動交易者的偏誤，而可能出現的錯誤定價」。

不幸的是，行為金融學的核心實驗，無法以成熟的機構投資者為對象進行研究，因為他們的整個投資決策過程都是獨有的（如果他們希望以此作為持續獲得更高收益的基礎，就必須這麼做）。我們的觀點是，有鑑於機構投資者在市場中的重要性，個人行為偏誤即使存在，也不太可能對市場價格產生重大影響。

　　行為金融經濟學家沒有忽視機構投資者的重要作用。他們意識到，成熟的機構往往會消除定價錯誤。他們透過套利的概念來解釋個人偏好如何影響市場價格。美國經濟學家安德烈‧施萊費爾（Andrei Shleifer）和羅伯‧維什尼（Robert Vishny）在1997年發表的一篇經典論文中指出，投資公司若試圖以「套利」行為來利用錯誤定價，將面臨短期內錯誤定價可能帶來的風險。此時採取行動，公司資本可能會在完全錯誤的時間撤出，從而使公司面臨破產風險。前面的長期資本管理公司就是一個例子。由於這種風險的存在，施萊費爾和維什尼認為，個人投資者的錯誤和偏見，對市場價格的影響以及套利資本是有限的。

　　施萊費爾和維什尼的論點適用性，取決於受行為偏誤影響的主動個人投資者的相對規模，專業投資公司則試圖透過套利來規避錯誤定價。1997年，在施萊費爾和維什尼的文章發表時，佛倫奇教授說，個人投資者持有29.5%的美國股票。到2007年，也就是佛倫奇教授在演說中公布的資料裡的最後一年，這一比例下降到21.5%。在佛倫奇教授的著作出版後的10年間，隨著指數股票型基金和避險基金的興起，個人持有股票的比例進一步下降。這些個人股東包括由專業投資者經營的家族理財機構，不太可能受到行為偏誤的影響。簡而言之，即使限制投資公司的套利行為，其持股規模與主動個人投資者的持有量相比，已經發生了變化。沒有理由認為，限制公司套利，

能使個人投資者的行為弱點對市場價格產生顯著影響。

證券定價錯誤是否重要？

行為金融學是一種解釋效率市場假說失效、市場價格與基本價值之間存在差異的理論。綜上所述，我們對此觀點持懷疑態度：個人錯誤和偏見可能對市場價格產生重大而持久的影響。但假設我們錯了，錯誤和偏見確實導致了顯著的錯誤定價，除了我們已經討論過的，這對理性投資者有什麼實際影響嗎？答案是否定。對這些投資者來說，關鍵問題不在於證券為何定價錯誤，而在於它是否定價錯誤。在上文中，我們已經討論了如何解決這個問題。它需要評估證券的基本價值，並將其與市場價格進行比較。以此方式來分析「錯誤定價不會受到投資者過度自信、認知偏誤及其他原因的影響」。事實上，對必須承擔基本面估值分析成本的投資者來說，試圖找出錯誤定價的根源是費時費力且價格昂貴。

識別錯誤定價來源的唯一方式是，看評估出的錯誤定價消除速度有多快。若錯誤定價是由於市場沒有意識到相關業務表現的細節，那麼在報告財務結果時，錯誤定價可能會被消除。若錯誤定價是由投資者的行為偏誤造成，那麼它可能會持續到偏誤消失。這種偏誤是非理性的，因此很難預測持續時間。然而，隨著相關業務新資料的出現，這些資料對估值產生了更顯

著的影響，包括機構在內的理性投資者行為，最終將反應在市場價格中。例如，20世紀90年代末，科技股所謂的「非理性繁榮」，最終在多數科技公司預期利潤未能實現的情況下煙消雲散。

如果我們的觀點正確，投資者的錯誤和偏見不會對市場產生顯著影響，但這是否表示可以忽略該影響？當然不是，即使在效率極高的市場中，存在認知偏誤的投資者也會做出錯誤決策，從而影響其投資績效表現。

行為偏誤在效率市場中的作用

要回答行為偏誤在效率市場中是否重要的這個問題，有必要先了解行為偏誤對誰比較重要。它們對理性投資者和成熟的投資機構來說並不重要。對這些投資者和機構來說，最重要的是價格是否公平，但對存在個體行為偏誤的投資者來說十分重要。問題不在於有偏誤的個體會因為錯誤定價而受到剝削（不存在以不公平價格交易的股票）。問題是，即使股票以公平的價格交易，存在偏誤的個體也可能出現影響投資績效的重大失誤。我們列出其中的5個因素：

1·過度交易和追逐績效表現

過度自信、缺乏自制力和代表性等偏見都可能導致過度交

易。在效率市場中，這種交易只會降低績效表現。交易越活躍，對投資組合價值的下行影響越大。幸運的是，對表現出這種行為的投資者來說，個股的交易成本很低。更大的問題出現在「追求成功的主動管理策略行為中」，這類投資者最終可能會支付更多的費用，且因進出基金而支付額外的費用。

2‧缺乏多元化

造成過度交易的偏誤，也會導致投資者在有限數量的證券上投資過多。本書始終強調多元化可以降低風險。集中投資較少證券的投資者將承擔市場無風險溢價的風險。根據貝賽姆賓德教授的研究，這些投資者可能會發現自己錯過了那些創造大部分價值的證券。

3‧市場時機交易太過頻繁

儘管席勒提出的週期調整本益比似乎是預測股價「高」或「低」的指標，但它並不是十分精確的預測指標，不足以證明定期進出市場是合理的。大多數的其他已知指標的表現也不盡人意。因此，如果行為偏誤導致投資者頻繁進出市場，他們就會承擔進出市場的成本，當他們離開市場時，他們的預期報酬就會降低。

4・納稅管理不善

　　厭惡損失等行為偏誤，可能會影響管理稅金的能力。回想一下，利用繳稅時機需要實現虧損以抵稅，並繼續持有獲利股票。厭惡損失會導致完全相反的行為，其結果是產生不必要的高稅金。

5・未能及時分配財富

　　行為主義者想要解決的一個問題是，許多投資者為退休準備的儲蓄太少。行為經濟學家施洛莫・貝納齊（Shlomo Benartzi）和塞勒開發了一個完整的程式來解決這個問題。塞勒的著作《推出你的影響力》（*Nudge*）旨在幫助人們克服導致儲蓄過少的偏見。

　　上述因素並不詳盡，但它說明了即使市場是完全有效的，個人投資者也可能會犯很多錯誤，損害他們的績效表現。在這方面，個人投資者可以從行為金融學中學到很多東西，即使它不能提供戰勝市場的方法。

基本概念 8

　　儘管行為經濟學家已經證明，許多人並不像標準金融經濟模型假設的那樣，以理性效用最大化的方式行事，但這對投資的影響（如果存在的話）尚不清楚。目前，機構投資者日益占據金融市場的主導地位，演算法交易技術發揮了越來越重要的作用，套利行為可以消除個人非理性造成的定價錯誤。此外，對投資決策而言，重點在於證券是否定價錯誤，而不是它為何定價錯誤。可以在不參考行為金融學的情況下做出該判斷。最後，即使行為錯誤和偏誤不會影響市場價格，該類投資者也可能犯下重大投資錯誤，例如過度交易和無效的多元化投資。

另類投資

　　目前為止，我們把焦點放在已開發國家（主要是美國）公開交易的股票和債券。這是投資者需要考慮的主要資產，但可供選擇的另類投資品種多達數千種。首先，有幾種主要的另類投資，包括開發中國家的股票和債券、房地產、大宗商品以及對私人公司的投資。其次是不計其數的衍生品。最後，還有很多外來投資，包括貴金屬、珠寶、藝術品、收藏品。在任何年度，如此多可供選擇的資產中，總會有一些表現得非常好（當然，有些公司的表現很糟糕，但這些公司的知名度往往較低），2017年比特幣價格的驚人漲幅，就是其中一例。

　　除了直接投資上述的另類投資，還有大量基金持有另類投資，並向公眾出售股票或合夥權益。例如，追蹤石油、天然氣、黃金和白銀的指數股票型基金。

　　過多的選擇可能會讓大多數投資者感到沮喪，因為他們總會錯過某些表現出色的證券。例如，我們沒有投資比特幣，因為認為它幾乎沒有基本價值。儘管如此，我們仍會思考：「如果在比特幣還不到100美元時買了它呢？」這種想法是很危險的，它鼓勵投資者追逐當下的明星投資，而不是設計和持有一個平衡良好的投資組合。金融媒體近乎偏執地專注於熱門資產，這加大了投資風險。

　　我們對另類投資的基本觀點是，忽略這些干擾訊息，看清事實。錯過今年的熱門投資，你可能會感到沮喪，但好消息是，你錯過去年的熱門投資，在今年可能徹底失敗。

　　考慮另類投資時，有一個重要的問題是：在股票和債券的多元化投資組合中加入另類投資有什麼好處？錯誤答案是：能獲得更高的預期報酬率。沒有證據顯示，另類資產經風險調整後的報酬率優於股票和債券。不過情況似乎並非如此，現實中總有一些熱門資產類別（目前是加密貨幣）的價格會不尋常地上漲。但就像打字機上的猴子終會寫出一部小說一樣（無限猴子定理，是一個用來說明無限和機率概念的抽象實驗），如果你持有夠多的另類投資，總會有一個比股票和債券報酬率高的資產，只是在第二年，這種資產可能變得一文不值。更合理的回答是，增加另類投資可以增加多元化的收益，從而降低風險。然而，如果投資者已經持有高度多樣化的股票和債券投資組合，那麼這種增加多樣化帶來的收益會十分有限。簡而言之，我們認為，另類投資不應在投資者的投資組合中占有很大比例。

　　儘管我們建議忽略大多數另類投資，但對主要類別的另類投資進行少量投資可能是合理的，例如房地產資產、開發中國家股票、私募股權和大宗商品。除了投資規模非常大的投資者，持有這些另類投資的唯一合理方式是購買基金。原因和以下四個方面有關：流動性、資訊、產權和必要的管理。某種程度上，它們會相互作用。下面將逐一介紹這四個方面。

流動性

　　流動性是一個複雜的概念。有些人說，如果一項資產能夠迅速出售，那麼它就具有流動性，但這種定義並不恰當。例如，你的房子能儘快出售嗎？當然，若你開價為原價格的10%，就可以馬上賣掉它。根據第一個定義，如果價格足夠低，每種資產都是流動的。

　　更好的定義是，若你能以市場價格迅速出售資產，該資產就具有流動性。買賣的價差是衡量流動性的好方法。價差大小代表交易對手願意進行交易的費用。在交易活躍的普通股中，我們發現其費用很少——大約是0.05%。除非你持有大量股票，否則你幾乎可以在接近市場價格的情況下低價賣出。然而我們也注意到，當你遠離活躍、透明市場時，流動性變得更加難以定義。例如，房子的買賣差價是否有意義？假設根據可比銷售額，你的房子價值50萬美元，若你想在一天之內賣掉它，你可能要做出很大讓步。從這個意義上來說，買賣價差很大。但如果你願意等六個月，讓步可能小一點。這說明在不太活躍的市場中，價差很可能是資產上市時間的函數。

　　能在不降價的情況下迅速出售資產，對投資者來說是有價值的，所以流動性強的資產出售價格更高。企業評估中的一大問題是，如何評估私人企業的流動性不足，或缺乏市場性折扣等問題。對商業評估師來說，依據事實和情況，提出25%或

更多的市場性折扣並不罕見。對那些願意並能持有非流動性資產的投資者來說，折扣意味著更高的預期報酬。巴菲特的波克夏公司，就完美表現出富有耐心的投資者如何獲得非流動性溢價。由於波克夏公司擁有大量現金儲備，巴菲特可以購買非流動性資產並持有它們，不必擔心在不合時宜的時候進行清算。他還可以安然度過所謂的流動性危機。危機產生的原因是，在不景氣時期，流動性差的資產往往變得更缺乏流動性。例如，在金融危機最嚴重時，不動產抵押貸款證券市場實際上已經枯竭，此時不得不出售這些證券的機構被迫接受賤賣價格。巴菲特不必擔心在錯誤的時間出售，因為波克夏公司實際上是一檔指數股票型基金。若股票的持有者在困難時期需要資金，他們可以在不需要巴菲特出售基礎資產的情況下出售股票。

　　報告中的非流動性資產很難估值。若一檔指數股票型基金持有標普500指數的成分股，它就知道自己每天交易結束時所持全部股票的價值。例如，在2017年12月15日收盤時，先鋒集團標普500指數股票型基金的資產淨值為3,834億美元。若一個基金持有分散在全國各地購物中心的股票，其中大部分已經很多年沒有交易了，它該如何報告其資產淨值呢？答案是，它大多依賴於評估的價值。但評估的價值可能與市場價格嚴重背離，尤其是在經濟低迷時期。沃拿多房產公司（Vornado Realty Trust）是美國最大房地產信託公司之一，它就是一個例子，該公司擁有86處大型地產，主要分布在紐約。該房地

產投資信託基金在紐約證券交易所上市，所以其股票具有流動性，且其市值是已知的（至2017年12月15日為148億美元）。然而，標的房產的市場價值是未知的。

　　與房地產流動性相關的另一個問題是，流動性不穩定。一般人不能購買10%的商業建築（除非透過合夥），而這使得除了投資規模非常大的投資者之外，所有人都不可能持有一個合理的房地產多樣化投資組合。

資訊

　　關於蘋果公司這樣的大公司的資訊數不勝數，往往有數十名分析師關注該公司。此外，網路上充斥著對未來產品的猜測和謠言。金融媒體沒完沒了地猜測，現在是不是買進或賣出股票的好時機。

　　2005年成立於北京的中國軟體公司奇虎360，就不是如此。蘋果公司的買家，因為有資訊透明度以及高度競爭的股票市場，所以對股價深具信心，可是反觀奇虎360公司股票的購買者，他們是否有同樣的信心呢？或許沒有，如果你有此信心，這個信心是從何而來？此外，一個中國小公司的海外買家，如何保證你自己不是其他資訊交易者的對手呢？

　　與美國股票一樣，許多關於資訊的問題，都可以藉由被動持有一個廣泛分散的指數來消除。例如，持有被動指數型基金

可以消除交易對手的風險。然而，人們仍然擔心，整個市場可能會因政治形勢的發展而起伏不定，這是外國投資者難以預料的。

美國房地產在一定程度上也是如此。為了監控對美國西北部城市波特蘭的一座商業大樓的投資，我們的員工必須定期出差，與租戶交談，與市政府官員會面，並在社區中走訪。沒有像蘋果公司一樣的免費資訊流，這些行動的成本都是高昂的。據我們的分析顯示，考慮了資訊成本以及營運該物業的所有成本後，我們的預期報酬低於標普500指數。

我們的底線是，對於許多另類投資，適當的管理和投資決策都需承擔不可避免的資訊成本。基金可能可以利用規模經濟按比例降低這些成本，但無法消除它們。

產權

除非你有自己的私人軍隊，否則擁有某樣東西就意味著，要依靠法律系統和警察來保護你的財產權。當你持有蘋果公司股票時，你可以指望法庭強制執行你獲得股息和銷售收益的權利。在一些地方，這些權利是合理的。在另一些地方，對外國投資者而言，產權安全性較低，此時，在禁止資金外流的資本管制、完全沒收資金等方面都存在一定風險。例如，委內瑞拉在2007年沒收了奧里諾科河一帶的石油投資計畫。除了規模

最大的個人投資者，幾乎所有人都不可能監控和管理這些風險。

與產權相關的是腐敗問題。腐敗的投資經理和政客們非但沒有確保投資者收到應得的款項，反而從投資者那裡吸走了資金。巴西石油龍頭巴西國家石油公司（Petrobras），在過去10年中行賄和回扣數十億美元。義大利最大的乳製品公司帕瑪拉特（Parmalat），在一椿24億美元的腐敗醜聞中破產，這椿醜聞幾乎讓義大利政府垮台。在許多國家，保護產權是需要時間和資源。

必要的管理

我們曾一度在蘋果公司股票上投資500萬美元。蘋果公司股票被加到我們的帳戶後，我們唯一要做的就是收取股息，不需要管理。此外，如上所述，我們在俄勒岡州波特蘭市擁有一棟價值500萬美元的商業建築，需要管理的有租戶問題、維修困難、停車問題、監管問題等。我們發現，這些持續的管理成本消耗了大量的投資收益。

降低管理成本的一種方法是：擁有大量房產以利用規模經濟。例如，不動產投資信託（REITs）聘用具有專業技能的全職員工管理物業，按比例降低物業管理成本。儘管如此，管理房地產仍然是一項成本高昂的工作。

　　房地產如此，其他另類投資也是如此。在非洲投資股票，需要監督和理解在美國股市中不會出現的監管和政治問題。

　　私募股權投資，通常要求投資者參與主要投資者所在公司的監督和管理。

　　簡而言之，對許多另類投資而言，它們無法與低成本的標普500指數股票型基金相提並論。在指數股票型基金中，基金所需要的唯一管理工作就是保持記錄，以及交易與該指數表現相匹配的流動性資產。

衡量風險和報酬

　　如果另類投資存在上述問題，那麼在競爭激烈的市場中，難道不應獲得更高的報酬嗎？這個問題並不簡單，因為存在流動性不足等問題，使得投資績效很難精確衡量。請記住，正確衡量風險和報酬，需要定期觀察資產的市場價值。例如，我們使用日報酬或月報酬分析股票的風險和報酬。許多另類投資無法取得這些資料，因此投資者不能準確地衡量風險和報酬。儘管如此，學術研究顯示，流動性較差、可用資訊較少、需要更多管理人員的資產，確實會為持有者帶來更高的平均收益。但在考慮了所有的資訊和管理成本後，很難回答它們是否仍有更高的經風險調整報酬率，因為其風險和報酬很難衡量。然而，似乎確實有證據顯示，即便是在風險調整的基礎上，另類投資

也能提供更高的報酬，但這只適用於成本較低、效率較高的投資者，例如波克夏公司。

談到風險，增加多元化的好處並沒有看上去那麼大。原因是，美國公司開發房地產在全世界銷售，把商品作為其商業活動的一部分，持有美國股票的被動型市場指數已經包含了對房地產、大宗商品和國際商業的有效投資。因此，在這些領域增加另類投資，對於根據市場指數的投資組合多樣化程度，不會產生重大影響。

大多數情況下，標的資產的表現對最終投資者並不重要，因為他們通常持有基金股票，而不是標的資產。這與基礎資產有很大差異，基金股票通常不缺乏流動性，不需要管理層持有它們。如果擁有基礎資產可以獲得更高的報酬，那麼大部分報酬很可能呈現在基金層面上，並反應在費用、薪資和營運費用上。即使部分超額報酬發放給股東，基金股票的價格也會被抬高，來反應基礎資產更高的預期報酬，這樣購買股票的投資者只能得到一個經風險調整的公平報酬率。這與普通股的情況類似，例如蘋果公司的經營投資獲得更高的收益，但股票的價格被抬高了，所以股東只能獲得公平的報酬。這是持有基金（或公司）股份而非擁有基礎資產的好消息，也是一個壞消息。持有股票克服了持有基礎資產的困難，但代價是放棄更高的預期報酬。

在上述背景下，我們快速瀏覽投資者透過基金持有另類資

產的一些方式，並提出其中的一些問題。

房地產投資信託基金

　　規模最大且最主要的另類投資之一是房地產。由於房地產的流動性差、波動性大，對大多數投資者來說，持有多元化房地產投資組合的唯一合理方式，是透過基金。目前最常見的基金是房地產投資信託基金。實際上，房地產投資信託基金在指數股票型基金出現之前就是指數股票型基金，但現在兩者存在一些差異。房地產投資信託基金需要將90%的應稅收入分配給投資者，因此它們必須依賴外部資金作為主要資本來源。公開上市的房地產投資信託基金透過首次公開發行募集資金，並利用這些資金購買、開發和管理房地產資產。與其他指數股票型基金一樣，基金持有人擁有管理的房地產組合的一部分，透過出租或出售物業獲得收入，並定期直接分配給房地產投資信託基金持有人。房地產投資信託基金會向股東平均分配股息，股息占應納稅收入的一定百分比。

　　與指數股票型基金一樣，房地產投資信託基金也是持有非流動性資產的好途徑，因為當投資者需要現金時，房地產投資信託基金不必出售標的房地產。急需現金的投資者可以將股票出售給其他投資者。然而，這使得確定房地產投資信託基金資產的市場價值變得困難。由於房地產交易不頻繁，市場資料

少，房地產投資信託基金試圖透過評估房產來解決這個問題。但這需要一定的成本，因此很少進行評估，且在任何情況下，評估價格都不能精確呈現出市場價格。

　　房地產投資信託基金還可以藉由持有大量資產組合帶來的規模經濟，來節約管理成本。房地產投資信託基金由房地產專業人士營運，資訊問題也得到改善。對希望多元化投資房地產的投資者來說，房地產投資信託基金是一種合理且相對划算的方式。

新興市場基金

　　起初，幾乎所有開發中國家的基金都是主動管理，以應付上文討論的流動性、資訊和產權問題。然而，在過去20年中，開發中國家的金融市場急劇增長，導致投資開發中國家股票的低成本被動基金出現。先鋒集團的富時新興市場指數（FTSE）[1]指數股票型基金就是一個很好的例子。該基金投資世界各地新興市場公司的股票，目標是密切追蹤富時新興市場指數的報酬率。目前，該基金持有4,726家公司的股票，市值163億美元。先鋒集團能夠以0.14%的低成本，即14個基點，

1　FTSE是英國金融時報指數Financial Times Stock Exchange Index的首字母縮寫。

經營該基金。這類基金使得小投資者也能輕鬆、低成本地投資開發中國家股市。投資新興市場股票時，要記住，最佳的多元化股票投資組合應該根據市場價值進行加權。表9-1提供了關於世界重要股票市場的資料。據彭博社（Bloomberg）報導，2003年，美國股市占全球股市市值的45.2%。到2016年，美國占比例已降至36.3%。最大的原因是，中國占比從1.5%快速增長到10.1%。從2003到2016年，中國股票的市場價值暴增1,479%，中國市場的巨幅成長，或許先鋒集團應該停止稱呼中國是新興市場了。

表9-1　2003年和2016年各國及地區主要證券市場規模與占比

市場	市值（兆美元）2016年10月	市值（兆美元）2003年10月	漲幅	2016年占比	2003年占比
美國	23.80	12.70	87%	36.3%	45.2%
中國	6.60	0.42	1471%	10.1%	1.5%
日本	5.20	3.10	68%	7.9%	11.0%
香港	4.10	0.83	394%	6.3%	3.0%
英國	3.00	2.20	36%	4.6%	7.8%
加拿大	1.90	0.74	157%	2.9%	2.6%
法國	1.90	1.30	46%	2.9%	4.6%
德國	1.80	0.94	91%	2.7%	3.3%
印度	1.70	0.23	639%	2.6%	0.8%
瑞士	1.40	0.66	112%	2.1%	2.3%
前十大合計	51.40	23.12	122%	78.4%	82.3%
全球總計	65.60	28.10	133%	100.0%	100.0%

　　該表還顯示，在2003年和2016年，排名前10名的市場占了總市場的80%。這意味著，巴西和印度等新興市場的股票，應該只占投資者投資組合的一小部分。

私募股權

　　考慮到擁有部分或全部私人公司所需的管理時間和專業知識，投資者投資這一領域的唯一合理方式是透過私募股權公司。正如在第六章指出的，這些公司存在的問題是成本很高（下面將討論一個例外）。此外，它們通常以未註冊的合夥形式成立，所以投資者的數量被限制在99人以內，所需的投資規模也相對較大。因此，很少有個人投資於私募股權公司。

　　波克夏公司是個例外。通常，它不被視為一家私募股權公司，但從經濟角度看，它已成為全球最大、成本最低的私募股權公司。過去的20年裡，巴菲特和蒙格的投資大部分都是投資整家公司，或是擁有公司的大部分股權，其中最大的一筆是斥資450億美元收購伯靈頓北方鐵路公司（Burlington Northern Railroad），過去10年的其他重大收購包括馬蒙工業控股公司（Marmon Group）、路博潤化學公司（Lubrizol）和建商公司克萊頓住宅（Clayton Homes）。

　　對個人投資者而言，波克夏公司可能是地球上最划算的私募股權投資公司。巴菲特和蒙格每年的薪資只有10萬美元，

其巨額財富主要來自所持股票的增值。波克夏公司位於奧馬哈的總部只有25名員工。當然，整個公司還是雇用了大約36萬人，為股東們創造財富。波克夏公司不以管理資產規模的比例收取額外費用。由於波克夏公司在美國證券交易委員會（SEC）註冊，股份可以公開交易，任何投資者都可以透過購買股票加入波克夏公司，與蒙格和巴菲特按比例分享利益。對希望投資私募股權公司的小投資者來說，波克夏公司是很好的選擇。

與商品和其他指數相匹配的基金

隨著指數股票型基金的急劇擴張，現在有許多基金與你能想到的大多數指數掛鉤，有黃金基金、石油基金、與股市波動有關的基金等。[2] 但我們注意到先鋒集團標普500指數股票型基金幾乎與標普500指數走勢一致。你可能會猜測，所有與指數掛鉤的被動型基金都是這樣運作，但這個結論是錯誤的。以美國原油基金（USO）為例，美國原油基金的投資目標是，讓每份資產淨值的每日百分比變動，與奧克拉荷馬州庫欣地區報價的西德州輕質原油（WTI）價格的每日變動相匹配。理論上，

2　據彭博社報導，截至2016年年底，全球共有6,000多檔指數股票型基金和交易所交易產品（ETPs），上市公司超過1.2萬家，資產總額達到3.5兆美元。

投資美國原油基金獲得的收益，與庫欣地區報價的西德州輕質原油價格的變動走勢一致。然而，原油的儲存成本很高，因此美國原油基金透過使用期貨和互換合約，來配合西德州輕質原油價格的每日變動百分比。這導致美國原油基金的輕微下滑，並隨時間的推移而擴大。在幾天或幾週的時間內，這種下滑並不重要，但對長期被動投資者來說，可能非常重要。如表9-2所示，西德州輕質原油的價格與投資終值（投資終值來自美國原油基金的收益）相對應。雖然這兩條線的趨勢看起來一樣，但它們之間的差異在緩慢增加，直到2016年年底，美國原油基金的投資終值，只有西德州輕質原油價格的三分之一左右。

表9-2　西德州輕質原油價格和美國原油基金指數（2007年1月～2016年12月）

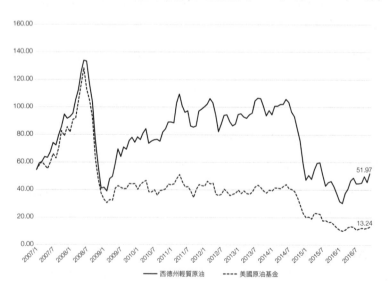

　　這種問題並非只存在於石油指數股票型基金。許多大宗商品基金和試圖複製指數的基金都存在同樣問題。這取決於指數股票型基金實際上持有的是基礎大宗商品，還是必須依賴於期貨和互換。如果它持有標的商品，那麼指數股票型基金通常會密切追蹤價格指數。如果它使用期貨和互換合約，追蹤的準確性就取決於這些合約的定價方式。若投資者不去詳細了解期貨、互換和標的資產之間的關係，就不該理所當然認為，指數股票型基金的長期投資會與指數掛鉤。這對長期投資者來說是一個糟糕的選擇。

衍生品

　　衍生品已經滲透到世界金融市場的每一個角落。衍生產品有上千種，問題是這些衍生品大多包含隱性槓桿，複雜且難以分析。想正確評估它們，必備的資訊和技能是需要多年才能獲得，這使得它們不適合大多數人投資，除了老練的投資者。

　　還有一種選擇是，透過專門的共同基金或避險基金來持有衍生品，但正如在第六章中指出的，此方式的成本較大。此外，如果投資者不了解標的證券，他應該如何評估持有的這些證券基金？唯一的選擇是依靠績效表現記錄，不過就像我們一再指出的那樣，歷史績效無法可靠地預測未來的績效表現。目前，對大多數投資者來說，衍生品不是很好的選擇。

另類投資

　　加密貨幣是另類資產的典型代表，其他還包括黃金、藝術品、珠寶、收藏品和其他特別資產。我們對這些另類投資的觀點是：避免持有它們。[3]某種程度上，本章開始時提到的所有問題，這類投資都有。不同於生產性資產，它們不提供任何形式的現金支付。對它們最好的理解是，在社會動盪劇烈時，它們可以作為一種保值手段。

　　以加密貨幣為例，它的基本價值來自三方面：當成現金支付給持有者（像是債券利息）、非現金的便民服務（可作為交換用的媒介貨幣）、具保值性。加密貨幣不提供現金支付，這點毫無異議，但不知接下來有沒有支付利息的計畫，看待加密貨幣的使用，就如同傳統貨幣的主導地位。由於區塊鏈的成本，使它不太可能在短期內取代傳統貨幣作為交易媒介。最後有關於保值，加密貨幣有區塊鏈的特性，所以非常難偷竊或侵占。然而，反對它的人，是因為它擁有高價易波動的特性，使得它不易於保值。整體考量後，得出加密貨幣沒有基本價值的結論。因此，無論它現在是否有基本價值，光從價格已漲超過100倍的事實，就代表了人們相信明天的價格會高過今天。我們相信投資將會證明具基本價值的資產值得購買，這很清楚說明了為何我們會提出避免持有加密貨幣的建議。

3　我們說它們是投資，是因為人們可能想擁有藝術品或珠寶，以享受它帶來的樂趣。這些投資一般會花費投資者的大量資產。

基本概念9 ————————————————————————

　　雖然有成千上萬的另類投資，除了已開發國家的公司發行的股票和債券，投資者持有這些資產的收益是有限的。除了房地產和開發中國家的股票，我們的觀點是，若不是最老練的投資者，所有人都應避免另類投資。幾乎沒有證據顯示，持有這些資產會提高經風險調整後的預期報酬率，這種增加多元化帶來的好處很有限。

　　由於可供選擇的資產種類如此之多，在任何年度，總有一種資產的表現會非常出色，像是2017年是加密貨幣。追逐當紅投資可能會分散投資者的注意力，使他們無法選擇更合適的長期投資方式，即買入並持有一個分散化程度較高的投資組合。

投資建議

　　若一本關於投資的書在結尾沒有提出投資建議，那是我們的疏忽。問題是人與人是不同的，每個人有不同的技能、知識、淨資產、風險規避能力和納稅義務。這些因素都會影響投資的最佳選擇。因此，我們能做的就是提供一些廣泛的建議，讓讀者來填補這些空白。

　　也許我們能提供的最重要建議是「了解自己」。或者用電影《緊急搜捕令》（*Magnum Force*）中克林·伊斯威特飾演的骯髒哈里（Dirty Harry）所說的：「人類必須知道自己的局限。」投資中最危險的事情是：認為你知道「你不知道的事情」。夏普法則清楚地點明了這一點。如果你認為你是一個優秀的主動投資者，那麼你得出的結論是：你可以戰勝其他主動投資者，獲得超額利潤。這個結論合理嗎？如果你不能回答「是」，就最好選擇被動投資策略。因此，我們的第一個建議是，遵循我們提出的多元化被動投資策略。

多元化被動投資策略

　　在致股東的信中，巴菲特建議，大多數投資者最好被動持有標普500指數。基本上我們同意巴菲特的觀點，但我們認為，出於以下幾個原因，對大多數投資者來說，多元化的被動投資策略是最好的選擇。

　　首先，沒有必要將被動持有的股票限制在標普500指數之

內。低成本的指數股票型基金,使得小型美國公司股票很容易加入投資者的投資組合。例如,先鋒集團提供一種根據CRSP指數的美股指數股票型基金,以及一種標普500指數股票型基金。事實上,這兩檔基金的表現非常相似,因為標普500指數中的500檔股票創造了CRSP指數的大部分價值,但更大幅度的分散投資仍有一些好處。

其次,國際多元化也有一定好處。低成本的指數股票型基金和其他被動型基金降低了投資成本。投資於歐洲、亞洲和開發中國家的市場基金都是不錯的選擇。考慮到全球股市隨著美國股市的增長而增長,我們將國際曝險限制在投資組合價值的20%以內。

再次,根據稅金和風險偏好,投資者也會考慮固定收益基金。先鋒集團有幾十種基金可供選擇,包括財政部、公司、免稅基金和低評級債券基金。通常推薦的投資組合是60%股票,40%固定收益基金,這並沒有什麼神奇之處。每個投資者都應該做出自己的決定。

最後,房地產投資信託基金、指數股票型基金和其他專業基金,讓投資規模較小的個人投資者也可以持有另類投資。投資最多的就是房地產、開發中國家的股票和大宗商品。有些人會認為加密貨幣也應該在這裡占有一席之地,但從我們的角度來看,目前加密貨幣價格較高且沒有明確的基本價值,因此並不是很好的選擇。此外,根據第九章討論到的原因,我們建議

在選擇另類投資時要謹慎，即使是購買基金。一則，許多另類資產的非流動性使得持有它們的基金難以估值。二則，目前尚不清楚這些基金是否真的是被動投資，因為管理人員需要經營房地產等資產。三則，投資另類資產存在潛在的資訊成本。四則，這些基金並不總是與追蹤它們指數的長期表現相匹配。由於以上原因，我們將對這類替代資產的投資限制在總投資組合的10%以下。

讓我們回顧一下多元化被動投資策略的好處。首先，正如剛才指出，透過多元化，投資者可以避免承擔「預期報酬沒有獲得更多補償」的風險。其次，其成本和費用較為低廉。正如我們強調的，投資績效有漲有跌，但成本和費用是不變的。即使每年1%的成本和費用，也會對長期財富積累產生重大影響。最後，被動投資策略消除了「投資者基於錯誤定價的錯誤認知，而進行過度交易」的誘惑。這種過度交易可能是投資者買賣個股或試圖把握市場時機時而產生。最後，多元化的被動策略可以阻止投資者成為「那些擁有更好資訊和分析技能的其他主動投資者」的對手。總而言之，我們認為對大多數投資者而言，多元化被動投資策略是最佳的選擇。

主動投資策略

對於想要採取主動策略的投資者，我們的建議是，這種策

略必須根據詳細的基本面分析，目標是「發現並長期持有那些投資者分析認為定價錯誤的投資」。這實際上是巴菲特奉行的策略。問題是，儘管該策略在原則上很容易表述，但在實際操作中卻難以執行。它需要擁有比市場更準確的估值能力，這並不簡單。與任何專業技能一樣，成為一名優秀的基礎投資者需要多年的培訓和經驗，還需要信心和耐心，在肯定會發生的市場波動中堅持頭寸，並清楚知道「若今天的市場不理性，明天可能會變得更不理性」。

如果你透過閱讀本書並得出結論，認為我們不贊同主動投資策略，那麼你是對的。我們同意巴菲特的觀點，即主動策略對大多數投資者來說都不是好的選擇，我們擔心市場上有太多暗示性的觀點，甚至是直白的行銷，試圖讓投資者相信它們是好的選擇。大多數人會意識到，他們不可能一下子成為職業高爾夫球手。同樣的思路也適用於主動投資，我們提醒投資者要謹慎行事。

主動型投資經理人

積極管理資金的另一種選擇是交給主動型基金經理人，這不僅和持有被動型基金同樣能有多元化收益，還有可能戰勝市場。儘管如此，我們還是對這種方法感到擔憂。

首先，該方法選擇的是投資經理人而不是債券。很多時

候，選擇經理人比評估證券的安全性更困難。證券可以透過估值模型進行評估，但投資經理人不能。投資經理人通常持有數百種不斷轉手的證券，因此，評估投資經理的唯一方法是了解他們的投資理念，並檢查他們的績效表現記錄。其次，了解投資理念仍需要投資者對基礎投資進行複雜評估。對於投資經理人的績效表現記錄，正如前幾章指出的，三年以下的績效記錄對預測管理者未來的表現幾乎沒用。從某種程度來看，過去的贏家往往會成為未來的輸家。但有多少投資者願意選擇績效表現不佳的投資經理人呢？最後，考慮到相互競爭的基金之間短期表現差異很大，投資者形成了一種趨勢，即不斷將資金投入當日的明星基金。學術研究顯示，追求績效會增加成本，但沒有任何效益。

　　除了以上原因，我們感到擔憂的問題還有成本。避險基金和基金中的主動管理費用十分昂貴。除非投資者能找到表現優於市場的基金，能夠為他在帶來利益的同時充分彌補成本，否則主動型投資經理人的績效表現將不如被動型投資經理人。這是最常見的結果。

　　我們的結論是，對大多數投資者來說，被動投資優於主動投資。一旦投資組合被設計出來，就不需要持續的評估和二次預測。此外，成本較低的好處會隨著時間的推移而顯現出來。

「增強的」被動策略

如果你無法克服管理資金的誘惑，最好的方法是被動和主動相結合的混合策略。這也是我們改採用的策略。我們投資組合的核心是，投資一系列低成本的指數股票型基金，同時持有個別證券和衍生品，來利用我們認為的錯誤定價。我們還利用衍生品來改變對整個市場的敞口，這取決於我們對股價高低的評估，評估依據包括週期調整本益比在內的多種指標。在本書撰寫時，我們認為股價偏高，做多的機會很少，我們不願意做空太多（例如特斯拉公司）。因此，我們投資組合中的被動投資占比很大。我們還減少了市場的敞口水平，希望透過在股票指數上認購期權來增加投資組合的收益。然而，由於股價的波動性極低，代表期權溢價很小，認購期權受到了限制。

當然，我們採取的方法只是增強多元化被動投資策略的其中一種。投資組合的主動投資部分取決於投資者的意見，每個投資者都可用自己的方式選擇。

我們建議投資者仔細研究活躍部分是如何影響整個投資組合的收益。行為主義者指出的偏見之一，是認為「結果」在很大程度上是由市場的整體走勢等外部力量決定的。不幸的是，考慮到股價的波動性，評估投資者個人的主動選擇效益，就像評估基金經理人的績效表現一樣困難。儘管如此，「追蹤主動決策的影響」是有價值的，至少它可以幫助投資者習慣使用投

資分析工具，像是收益和投資終值在內的分析工具。根據我們的經驗，大多數進行分析的投資者都對結果感到驚訝。

結論

　　總之，我們經常聽到這樣一句話：「投資既是一門科學，也是一門藝術。」就目前而言，這句話不過是陳腔濫調。更糟糕的是，這句話導致投資學被認為是空洞無物的。我們希望本書能幫助讀者改變這種看法。「理解投資的基礎概念」是有效管理資金的關鍵，藝術部分則不是那麼清晰。在金融學術界和實務界工作了幾十年之後，我們當中沒人聽過「投資藝術」的一致定義。更準確的說法是，投資是一門不精確的科學，但仍然是一門科學。

後記

　　完成一本書的最終使命是存在兩個時間間隔：一個是從完稿到出版時間，另一個是從出版到讀者閱讀的時間。我們在2018年年初完成了這本書。不幸的是，市場不等人。因此，為了盡可能跟上時代的發展，我們會根據最新的資訊重新審視提出的一些建議。

　　最典型的例子就是比特幣。在第五章中，我們認為比特幣在2017年12月的價格15,749美元，只能用泡沫來解釋，因為比特幣沒有顯著的基本價值。如果投資者不再相信明天的比特幣價格將高於今天的價格，就沒有支撐比特幣價格上升的現金流，比特幣的價格就可能會大幅度下跌。沒過多久。到2018年2月，比特幣的價格已經跌破6,000美元。這並不意味著狂熱不會回來，但我們仍然相信，一項沒有基本價值的資產無論以何種價格流通，對它進行投資都是糟糕的選擇。

　　在第五章中，我們還提到，經週期調整的本益比達到創紀錄高位的事實。這是一盞閃爍的紅燈，顯示未來10年的實際股票報酬率，可能低於長期歷史平均水準。沒過多久，該觀點

就得到了印證。在2018年2月的5個交易日中，市場指數下跌了10%以上，這就是通常所說的「調整」。我們不想把它看得太重。正如我們在第五章強調的，週期調整本益比等指標，提供了未來10年平均收益的一些相關資訊。他們根本沒有能力預測市場的急劇下跌。然而，此次大幅度下跌是10年來報酬率低於預期的一個原因。儘管2018年2月的下跌確實使週期調整本益比降低，但仍接近最高水準。因此，這一指標仍預測未來10年的實際報酬率會更低。但是否會以短期急劇下降的形式出現還未可知。

在第七章中，我們介紹了非穩定性的概念。我們的觀點是，不僅資產價格是隨機的，描述價格的隨機機率分布也會變化。就好像在一段時期中，持續從一個罐子裡取出球，然後大自然突然換了一個新罐子。2018年2月VIX恐慌指數的走勢充分說明了這種可能性。幾年來，該指數一直徘徊在歷史低點附近，幾乎沒什麼變動，但其在一天內突然上漲了100%，一週內更是翻了3倍。此次波動較大，導致一些主要是從波動較小且穩定的指數中獲利、多年來一直在上漲的指數股票型基金，因此在短短幾天內就倒閉。大自然確實換了一個新罐子。

於2018年2月

投資通識課（二版）：9個基本概念，建立你的投資思維框架
The Conceptual Foundations of Investing: A Short Book of Need-to-Know Essentials

作　　者	布萊德佛‧康奈爾（Bradford Cornell）、尚恩‧康奈爾（Shaun Cornell）、
	安德魯‧康奈爾（Andrew Cornell）
譯　　者	張永冀、王宇佳
責任編輯	夏于翔
協力編輯	王彥萍
內頁構成	李秀菊
封面美術	Poulenc

總 編 輯	蘇拾平
副總編輯	王辰元
資深主編	夏于翔
主　　編	李明瑾
業務發行	王綬晨、邱紹溢、劉文雅
行銷企劃	廖倚萱
出　　版	日出出版
	地址：231030新北市新店區北新路三段207-3號5樓
	電話：02-8913-1005　傳真：02-8913-1056
	網址：www.sunrisepress.com.tw
	E-mail信箱：sunrisepress@andbooks.com.tw
發　　行	大雁出版基地
	地址：231030新北市新店區北新路三段207-3號5樓
	電話：02-8913-1005　傳真：02-8913-1056
	讀者服務信箱：andbooks@andbooks.com.tw
	劃撥帳號：19983379戶名：大雁文化事業股份有限公司

印　　刷	中原造像股份有限公司
二版一刷	2024年1月
定　　價	450元
I S B N	978-626-7382-56-1

國家圖書館出版品預行編目（CIP）資料

投資通識課：9個基本概念，建立你的投資思維框架／布萊德佛‧
康奈爾（Bradford Cornell）、尚恩‧康奈爾（Shaun Cornell）、安
德魯‧康奈爾（Andrew Cornell）著；張永冀、王宇佳譯. -- 二版.
-- 新北市：日出出版：大雁出版基地發行, 2024.01
272面；15×21公分
譯自：The conceptual foundations of investing : a short book of need-
　　　to-know essentials.
ISBN 978-626-7382-56-1（平裝）

1.投資　2.理財

563.5　　　　　　　　　　　　　　　　　　　　　112021302